教育部本科教学工程"财政学专业综合改革试点"项目（

经济管理学术文库·管理类

公共财政与环境公共风险治理

Public Finance and Environmental Risk Management

付 阳／著

经济管理出版社

ECONOMY & MANAGEMENT PUBLISHING HOUSE

图书在版编目（CIP）数据

公共财政与环境公共风险治理／付阳著. —北京：经济管理出版社，2022.4
ISBN 978-7-5096-8382-8

Ⅰ.①公… Ⅱ.①付… Ⅲ.①公共财政—关系—环境综合整治—研究 Ⅳ.①F810
②X3

中国版本图书馆 CIP 数据核字（2022）第 057260 号

组稿编辑：杨　雪
责任编辑：杨　雪　王　蕾　王　慧
责任印制：黄章平
责任校对：董杉珊

出版发行：经济管理出版社
　　　　　（北京市海淀区北蜂窝 8 号中雅大厦 A 座 11 层　100038）
网　　　址：www. E-mp. com. cn
电　　　话：(010) 51915602
印　　　刷：北京晨旭印刷厂
经　　　销：新华书店
开　　　本：710mm×1000mm/16
印　　　张：12.75
字　　　数：222 千字
版　　　次：2022 年 4 月第 1 版　　2022 年 4 月第 1 次印刷
书　　　号：ISBN 978-7-5096-8382-8
定　　　价：65.00 元

序

　　2020 年，在第 75 届联合国大会上，我国向全世界郑重承诺，力争在 2030 年前实现碳达峰，努力争取在 2060 年前实现碳中和。作为新时期政府治理环境的重要任务，实现碳达峰、碳中和，需要通过经济、社会和生态的多维联动，在二氧化碳产生和减少方面建立新的平衡。与传统意义上的环境规制相比，该任务促进了从末端治理向风险的预防和干预的转变。究其主要原因在于，环境问题已不再单纯是一个限定于生态环境领域的议题，在日益密切的人与自然关系之下，由各类环境问题不断汇聚、放大，形成了环境风险，并进一步异化为经济风险、社会风险、政治风险，政府、企业乃至单个公民都将成为风险后果的承担者。因此，政府实施环境规制时，不仅要应对环境危机所引发的显性危害，更要对各类潜在的环境风险进行预警和及早干预，防微杜渐，甚至防患于未然。因为对于环境问题而言，强调风险防范远比处理危机所带来的不良后果更有意义，部分环境问题一旦产生将不可逆转。

　　作为政府环境治理职能的重要手段，财政在环境风险应对中扮演着重要的角色。如何以财政支出为突破口，提高政府化解风险的能力，甚至站在防患于未然的角度超前化解环境风险，是治理环境风险、公共风险的关键。本书以中国财政科学研究院刘尚希院长等专家提出的"公共风险理论"为指导，按照"政府支出取决于公共风险，并以实现公共风险最小化为目的"的理论逻辑，将环境规制问题放置于公共风险视角下，探讨财政支出和环境风险两者的内在关系，为发挥财政的风险治理效应和有效干预公共风险提供了思路。与市场失灵的逻辑有所不同，"公共风险理论"侧重于解决"在我国市场化的过程中，政府面临着哪些风险？应当承担怎样的风险？如何承担风险？"这三个问题。因此，在确立了政府作为公共风险最后承担者的宿命根源后，可以沿着风险归宿逻辑分析，即政府是否成为最后风险的承担主体，以此来解决政府"缺位"问题；而沿着逆向逻辑分析，即如果政府不承担的话，风险是否还存在，换言之，是否可以由其他主体来承担化解风险的任务，从而解决政府"越位"问题。以上两个分析方式为如何在现实中运用公共风险理论提供了思路和方法。

本书分别从政府环境支出和财政支出两个层面，首先分析了环境风险与公共财政的关系，其次实证检验了财政支出的风险治理效应，最后得出了以下结论：

一是环境问题的风险特点逐步显性化，实施风险治理迫在眉睫。随着环境问题的累积，逐步从局部的、独立的问题向相互关联的风险发展，并引发经济、社会等潜在危机，继而形成更大的系统性风险。本书认为应从风险视角重新认识环境问题，其重要意义在于有利于推动政府从危机处理向风险防范转变，同时从经济、社会、环境的全局出发来防范环境风险，促进公共风险最小化。

二是公共财政对环境风险的治理效应存在正负抵消的问题。从环境支出看，增加支出将有助于降低环境风险，但在经济发展等多元目标影响下，随着环境支出的增加环境风险治理效果有限；从财政支出结构来看，随着非经济性支出和政府债务的增加，生态修复风险将显著降低，有助于环境风险的防治。此外，无论是环境支出还是财政支出，其环境风险治理存在滞后效应，不能奢望治理效果"立竿见影"，因此更应强调对环境风险的预防。

三是短期内，通过财政支出结构调整促进环境风险治理效应正向趋同。针对财政资金和环境治理资金需求间的矛盾，短期内可通过财政支出结构的调整，来促进治理效应正向趋同化，弥补环境治理资金投入不足产生的治理效应损失。建议在环境支出层面，提高环境风险预防的支出（如环境监测等）的比重，推动末端治理向环境风险预防转变；在财政支出层面，提高非经济性财政支出的比重，强化财政支出的风险平衡功能，促进风险失衡向风险平衡转变。

四是中长期内，以政府职能转变为抓手，建立环境风险多元共治机制。长远来看，充分利用政府和市场两种风险治理手段，调动个人、企业、社会组织等社会主体的积极性，优化横向、纵向政府间风险治理分工，推进环境风险"共担、共治"是治理环境风险的有效途径。本书建议：①以市场治理风险最大化为原则调整政府和市场关系，协调好两种风险治理手段；②以政府职能转变促进社会主体参与环境风险治理；③以环境事权改革和环境治理激励机制再造，推进横向、纵向政府间风险治理分工的优化。

　　五是建议在国家治理体系内启动公共风险管理以主动应对风险。面对复杂多变、风险交织的国内外发展形势，本书建议从国家治理体系内构建公共风险管理体系，组建国家风险管理机构，承担公共风险监测、风险评估以及风险治理绩效评估等风险管理职能，推动政府从"危机应对者"到"风险管理者"的转变。

　　本书的创新在于拓展了从风险出发研究环境治理的新视角，既是对公共风险理论的运用，又有助于解决现实环境风险问题。不足之处主要体现在对风险系统性和全面性把握不足，有待进一步完善。

付　阳
2021 年 6 月于郑州

目录

第一章

绪　论

第一节　公共财政是环境公共风险治理的重要手段

一、环境问题是人类发展的代价

工业革命以来，随着机器化大生产的普及，数以万计的原木、矿产等自然资源沿着"资源→产品→污染排放"的轨道被投入生产，大量物质财富被创造出来的同时，自然界以相同甚至更快的速度"凋零"：不可再生资源枯竭，海平面升高，土地荒漠化，森林、草地退化，空气、水源污染，干旱、洪涝、地震等灾害频发，生物多样性遭到严重打击，人类正面临着前所未有的生存与发展危机。如果说，一开始在工业化时代所创造的物质文明的掩盖下，生态环境问题并未得到足够的重视，那么 20 世纪四五十年代以来，以美国洛杉矶光化学烟雾事件（1943 年）、英国伦敦烟雾事件（1952 年）以及日本工业废水导致的水俣病事件（20 世纪 50 年代）为代表的重大环境灾难相继爆发，由此所带来的大量无辜民众伤残、死亡，以及给经济、社会发展所带来的严重负面影响，引起了人类社会的广泛关注。

就我国而言，在中华人民共和国成立以来的"压缩式"工业化进程中，我国短短数十年间就取得了西方发达国家上百年工业化发展的经济成绩，于 2010 年超越日本成为全球第二大经济体，人民生活水平显著提高，综合国力和国际影响力也得到大幅提升。然而不能忽视的是，由于高消耗①、高排放的产业结构带来的工业污染，以及由人口密度增加、城市化进程不断加快所带来的生活污染正快速蔓延、扩大，并且使原本以城市为主的污染范围急剧向农村蔓延，那些曾经在西方国家上百年工业化中，分阶段出现的生态环境问题在我国短时间内集中涌现，不仅给生态环境带来了难以逆转的破坏，由此所造成的损失更是触目惊心。2007 年，世界银行发布的 *Cost of Pollution in China*（《中国污染代价》）指出我国每年因污染导致的经济损失占 GDP 的 5.8%。需要注意的是，部分西方国家以环境问题为由，在国际舞台上向我国施压，2013 年 1 月美国《财富》周刊甚至以"环境问题或扼杀中国奇迹"为标题，指出了我国生态环境问题对经济、社会发展的潜在危害。

面对生态环境风险，我国政府积极行动，20 世纪 70 年代以来，我国形成了以政府为主导的环境治理体系，并逐步确立起"经济、政治、文化、社会、生态"五位一体的战略部署，力求"最严厉的制度来保护生态环境"，不仅体现出我国对环境治理的重视程度，也从侧面反映出解决环境问题的必要性和迫切性。

二、环境问题风险化的主要表现

从本质来看，摆在各国乃至全世界面前的、日益严峻的生态环境问题最早起源于经济发展领域，是资源存量和生态承载力的有限与人类生产活动对生态环境资源无度索取和无节制排放的矛盾。实际上这一矛盾，早在人类利用自然、改造自然之日起便产生和存在，经过不断地发展，跨越了环境领域，演化成跨越人、社会、自然的风险集合。

以碳达峰和碳中和为例，首先，从短期来看，要实现碳达峰的任务，关键在于严控碳排放，最为直接的办法是减少煤炭、石油等传统型化石能源的使用，由此带来的影响将首先反映在以能源开发利用为主导的产业和企业上。尽管企业可以通过加快研发来抵消能源投入减少的影响，但创新本身也存在不确定性，因此企业发展面临的不确定性风险将大大增加。此时，环境规制的重要任务是

---

① 资料来源：第十二届全国人民代表大会常务委员会第八次会议上《关于节能减排工作情况的报告》指出，2012 年我国经济总量占世界的比重为 11.6%，但消耗了全世界 21.3% 的能源、54% 的水泥、45% 的钢。

处理好减碳和企业发展之间的风险权衡。其次，从中期来看，在当前产业深度融合和广泛分工协作的发展模式下，由于传统能源投入减少给个别企业带来的经营影响，将通过产业链和供应链的传导作用，进一步影响区域乃至全国的产业结构、经济结构。此时，局部个别企业发展面临的不确定性风险，转化为区域发展的不确定性，并进一步异化为就业、社会保障等社会风险问题。此时，环境规制已经超出了环境自身，而是需要在人与社会之间做好风险权衡。最后，从长远看，要实现碳中和，就需要在吸收和排放二氧化碳的循环体系之间做好平衡，通过资源—产业—社会的有效联动，实现公共风险在自然—经济—社会—人之间形成动态平衡。

通过上述分析可以看出，摆在我国乃至全世界面前的环境问题，经过不断地演化、聚集和放大后，超越了市场失灵的范畴，更多地表现为风险属性横跨生态、经济、政治、社会等多领域，并且引发了社会风险、政治风险，成为制约未来可持续发展的短板和瓶颈，甚至影响国家稳定。正如世界银行《2014年报告：风险与机会》指出的，"如果无视风险，它们就可能转变成危机，抵消辛苦得来的发展成果，并危及造就这些成果的社会和经济改革。解决办法不是为了避免风险而拒绝变化，而是要为变化所带来的各种机会和风险做好准备"[①]。既然政府环境治理的本质是风险治理，那么如何从风险角度重新认识环境问题和政府治理成为新的思考角度，基于此背景促成了本书研究的展开。

三、公共财政是环境公共风险治理的重要手段

以往在研究生态环境问题时，往往以西方经济学中的市场失灵为起点的公共物品理论作为基础，从生态环境的公共物品或"准公共物品"属性、生态环境污染的负外部性、生态环境保护的正外部性等角度论述政府财政支出的合理性和必要性的依据（苏明等，2008；梁小刚、王刚，2009；胡绍雨，2011；苏明等，2013；苏明等，2007）。特别要注意的是，2018年5月18~19日举办的全国生态环境保护大会上，习近平总书记发表了重要讲话，指出生态环境安全是国家安全的重要组成部分，是经济社会持续健康发展的重要保

---

① World Bank. World Development Report 2014: Risk & Opportunity: Managing Risk for Development [R/OL]. The World Bank Group，[2013-10-9]. http：//data. worldbank. org/data-catalog/world-development-report-2014.

障。要把生态环境风险纳入常态化管理，系统构建全过程、多层级生态环境风险防范体系①。这一要求阐述了环境风险与国家安全的内在关系，将有效防范环境风险提到了重要的位置，是新发展时期下环境治理工作面临的新要求和新任务。

当生态环境问题更多地以潜在危机即风险的形式出现，在研究政府环境治理时，就需要超越公共物品理论所阐述的"市场失灵"范畴，以一种新的理论来解释政府治理行为。"以理论创新引领和推动改革实践，理论创新与改革实践在交互作用中齐头并进，历来是中国改革道路的一大特点"②。如何找到一种合适的理论，更好地解释和指导我国政府环境治理成为关键问题。

幸运的是，"公共风险理论"基于"如果政府不承担那么会怎样"的反向假设，所形成的"政府支出取决于风险，并以公共风险最小化为目标"的理论主张，为风险视角下研究政府职能和支出责任提供了新的视角。对照公共风险理论，政府之所以要进行环境治理、安排环境领域相关财政支出，主要是因为环境领域的风险，可以表现在环境污染加剧、资源面临枯竭、生态持续退化，生态环境风险逐步累积、升级。这些原本存在于环境领域的局部风险，通过风险的叠加和传导继而转化为经济风险（发展不可持续）、社会风险（环境群体事件），甚至是政治风险，超过个人、企业、机构的承受范围，从"私人风险"走向了"公共风险"，需要作为"风险兜底者"的政府来承担。

沿着公共风险理论的分析逻辑来重新审视财政支出和生态环境问题，为研究生态环境风险中政府的支出责任和职能转变提供了行之有效的分析思路，不仅与当前以生态、经济、政治、文化、社会和谐发展为内涵的生态文明建设要求相吻合，还有助于推动政府成为"具有主动性和系统性的风险管理者"而不再是"危机斗士"来有效地化解风险。既然财政支出取决于风险，并以实现公共风险最小化为目的，那么就意味着政府可以通过支出来有效地化解风险。就环境风险而言，环境支出、财政支出分别承担着直接、间接地化解环境风险的责任，前者是政府直接应对环境风险的手段，后者则通过不同风险之间的平衡（反映在不同的支出结构上）防范环境风险。而现实中（见图1-1），随着我国环境支出和财政支出规模的不断扩大，会带来两种不同的环境治理效应，即正

---

① 资料来源：新华社，https://www.mee.gov.cn/home/ztbd/gzhy/qgsthjbhdh/qgdh_tt/201807/t20180713_446605.shtml.

② 高培勇. 论国家治理现代化框架下的财政基础理论建设 [J]. 中国社会科学，2014 (12)：102-122.

效应和负效应，在两种效应作用之下，环境问题未能得到有效解决，反而在不断累积的过程中，逐步转化为环境风险，进一步危及经济、社会发展。什么原因导致财政支出在环境风险治理中出现"失灵"？财政支出结构的变化又将给环境风险治理带来怎样的影响？如何提高财政支出的风险治理能力？而回答这些问题将有助于从根本上解决我国的环境问题。特别是在当下，由于经济发展进入新常态、结构性减税改革持续推进等因素的影响，政府财政收入规模面临下行压力的现状下，保持既定的支出规模，通过结构调整来提高财政支出的环境风险化解能力更具现实意义。

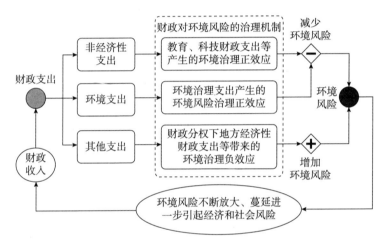

图 1-1　财政视角下环境问题"愈演愈烈"的实质

四、研究公共财政与环境风险关系的重要意义

一是有助于落实国家建设生态文明的战略部署。面对严峻的生态环境形势，我国提出建设生态文明的战略目标，将生态文明与经济、政治、社会、文化并重构成"五位一体"的战略总格局，并于 2015 年起从中央层面推进生态文明体制改革，力求"实行最严格的源头保护制度、损害赔偿制度、责任追究制度，完善环境治理和生态修复制度，用制度保护生态环境"①。一方面，财政作为我国生态文明建设制度的执行载体之一和政府生态职能的实现载体之一，承担着

---

① 中共中央关于全面深化改革若干重大问题的决定 [EB/OL]. 中华人民共和国审计署，2013-11-18. http：//www. audit. gov. cn/n4/n18/c4169/content. html.

建设生态文明的重要任务。提高财政支出的环境治理正效应将有助于落实财政的生态职能和国家战略部署，化解我国当前的环境风险。另一方面，财政支出承担着经济、社会、生态环境等综合职能，从财政支出的角度来研究生态环境问题，跳出了就环境问题论环境问题的狭义范畴，而是站在整个政府职能实现的角度，论述政府如何平衡经济、社会发展和生态环境之间的关系，与建设生态文明的内涵相吻合。

二是形成以公共风险最小化为目标的政府治理内涵。从不同国家的生态环境问题治理的路径来看，西方国家"先污染后治理"的本质反映的是政府治理的"顾此失彼"，一味地追求经济的发展而忽视生态环境的问题。当前环境问题已不再是单纯的、局限于自然领域的问题，而是形成了以生态环境风险为代表的系统性风险。因此，从公共风险的视角研究环境问题，有助于形成以公共风险最小化为目标的治理新思维，即力求在不同的风险之间寻求平衡点，避免治理一种风险又带来新的风险的问题。公共风险最小化的治理理念，无论是对提高财政支出化解风险的能力来说，还是对强化政府经济、社会、环境等治理能力来说都具有现实指导意义。

三是形成具备全局、超前和治理底线的治理思维。除对公共支出具有直接的指导作用以外，公共风险理论分析政府职能还隐含了以下观念是原有理论所不具备的，对于当前政府治理具有重要意义：第一，强调了全局观。公共风险并不局限于经济领域，而是贯穿于经济、社会、政治、文化、生态等多个领域，这就要求政府职能具有全局观，不能顾此失彼。第二，强调了未雨绸缪的预防观。风险源于不确定性，具有潜伏性，这就要求政府对风险的防范是超前的，并且是常态的，而不是疲于应对已经暴露的各类危机。第三，强调了政府治理的底线思维观。有些风险所引发的问题常常会危及每个人、每个国家，甚至整个人类社会，在有限的能力和资源下就要求政府至少要保证这些风险领域不出问题，实际上蕴含了政府治理的底线思维。

四是形成以支出责任调整为切入点来指导当前全面深化改革。党的十八届三中全会以全面深化改革为主要议题，而全面深化改革的目标则是推进国家治理和治理能力现代化①。作为全面深化改革目标的重要支柱，财税体制的改革

① 习近平. 关于《中共中央关于全面深化改革若干重大问题的决定》的说明［EB/OL］. 人民网，2013-11-16. http://politics.people.com.cn/n/2013/1116/c1024-23560847.html.

无疑成为全面深化改革的突破口和主线索①。对照公共风险理论，假设最初状态中政府是全部风险的承担者，按照逆向逻辑即如果政府不做会怎样，①考虑是否可以由个人、企业、社会组织等非政府组织来通过市场的手段进行化解，即向社会分权；②考虑是否可以交由下一级政府来完成，即中央与地方间分权；③考虑面对当前市场无法化解的风险，是否可以通过完善市场机制提高市场能力来进一步化解风险，即向市场分权，进而通过不断筛选、取舍来保留政府必须干预的风险，在确保市场发挥决定性作用的同时，完成政府对市场，政府对个人、企业、社会组织以及中央政府对地方政府三个维度的分权。实际上，这一过程即国家治理体系的构建过程，既形成了以支出责任为切入点来指导当前全面深化改革的不断推进，又完成财税体制改革的任务②。

第二节 公共财政和环境公共风险概念的界定

本书在以公共风险理论为指导，分析公共财政与公共风险的关系中，涉及一些专有概念，为了不引起混淆，在此进行统一定义和解释。

一、风险、环境风险与公共风险

(一) 狭义和广义的风险

由于对风险的认识不同或者研究角度的不同，当前学界对风险有着不同的解释，尚未形成统一的定义。总体来看有两种观点：第一种是狭义的风险。国外学者 Rosenbloom（1972）、Crane（1984）等认为风险是发生损失的不确定性，朱淑珍（2002）在总结各种风险含义的基础上，把风险定义为：风险是指在一定条件下和一定时期内，由于各种结果发生的不确定性而导致行为主体遭受损失的大小以及这种损失发生可能性的大小，可以用损失发生的大小与损失发生

---

① 高培勇. 财税改革：全面深化改革的突破口和主线索 [J]. 财贸经济, 2013 (12)：9-11.
② 刘尚希, 马洪范, 刘微, 梁季, 柳文. 明晰支出责任：完善财政体制的一个切入点 [J]. 经济研究参考, 2012 (40)：3-11.

的概率两个指标进行衡量。第二种是广义的风险。Williams 和 Heins（1964）、Mowbray 等（1995）认为风险具有不确定性，是在给定的条件和某一特定的时期未来结果的变动，可能是危机，也可能是机会。相比狭义风险只代表损失，广义的风险更加强调了风险背后的机会和对风险的管理。在本书中，由于环境问题往往变现为各类具有负面性的危机事件，因此对风险的认识侧重于前者，即认为风险是潜在的危机。

（二）公共风险

公共风险理论认为政府是风险的最后承担者。延伸一下可以看出，政府是风险的最后承担者，并非是所有风险的承担者，排在政府之前的还有个人、企业、社会机构等非政府组织等，从风险归宿来看这些主体都是风险的承担者。唯一的区别是，那些由个人、企业、社会机构等承担的风险是局部的、小范围的，不同的风险间是孤立的，风险引发的问题是局部的、是私人可以承受的或者是可以在个人和企业的范围内进行化解的，因此在公共风险理论中，把这些风险称之为"私人风险"。私人风险是可以在个人、企业、社会组织等主体的范围内通过市场手段进行化解，而市场之所以能够成为化解私人风险的手段，其原因在于人们对于"确定性"的追求，进而形成应对各种不确定性（风险）的行动能力[①]。在价格机制等市场规律的引导下，可以通过交易获取确定性的保障，如商业保险的存在便是如此。而一旦单独或局部产生的风险不断聚集、相互之间产生关联，其爆发的危机范围和破坏程度将超出个人等主体的承受范围，这时私人风险往往就转化为公共风险，即政府所需要承担的风险。

因此，在风险中扣除私人风险的剩余部分则是政府应该承担的风险，定义为"公共风险"。从特点来看，公共风险具有三个特征：①关联性。公共风险在发生过程中，对个人和企业来说，是相互关联的，因而具有"传染性"；②不可分割性。即在风险面前人人平等，每一个人无论贫穷或富裕都无法逃避，尽管其损失的大小可能不一样；③隐蔽性。公共风险很难正面识别，往往累积到了快要爆发的程度才被发现[②]。按照公共风险的含义和特点，大到外来侵略、

---

① 刘尚希. 论追求"确定性"——2008 年全球金融危机的启示 [J]. 学习与探索，2010（4）：130-134.

② 刘尚希. 论公共风险 [J]. 财政研究，1999（9）：12-19+54.

内部战争、社会伦理道德衰落，小到失业、贫困等都是公共风险。

(三) 环境风险

首先明确的是，本书所指的环境是构成人类和其他生物生存发展的环境、资源和生态系统的"大环境"概念。所谓环境风险，实际上是环境恶化的风险，这里重点考察了由人类活动所造成的环境恶化问题。由于生态环境承载和生态环境资源存量的有限性，加之生态环境自身修复的特殊性和长周期性，在自然的和人为的因素影响下，生态系统失去平衡产生了生态环境风险，给人类和其他生物的生存和发展带来难以逆转的损害。在自然和人为不利条件的作用下，这种潜在的风险可能会转化为现实中的危机，甚至是灾难。夏光（2015）[①]指出当前我国生态环境风险主要表现在六个方面，环境质量风险、人群健康风险、社会稳定风险、生态安全风险、区域平衡风险和国际影响风险。

正如前面所指出的，风险不是一成不变的，而是相互转化的。生态环境恶化既会加剧生态系统向良性逆转的风险，也会加剧经济社会难以持续稳定发展的风险、加剧人类和其他生物的安全风险，更会加剧政治危机风险。因此环境风险实际上比经济、社会风险更加复杂，并且生态环境风险是作为一种风险的底线而存在的，一旦生态环境破坏达到无法挽回的地步，那么经济、社会发展都将无法维系，造成的危机后果更是不可想象，更需要以一种风险的视角来进行预防和主动应对，及时化解生态环境风险，以降低损害的发生概率。

为了充分考察、评估我国当前的环境风险，本书将从环境恶化、资源枯竭、生态退化以及由此所引发的经济、社会的风险角度，建立环境风险评价指标体系，并形成环境风险指数，作为衡量财政支出治理效应的标准用于研究。

二、财政支出、财政支出结构及环境支出

(一) 财政支出

财政支出（即公共支出或称政府支出）是指国家为实现其各种职能，由财

---

① 夏光. 中国生态环境风险及应对策略 [J]. 中国经济报告，2015（1）：46-50.

政部门按照预算计划，将国家集中的财政资金向有关部门进行支付的活动，因此也称预算支出。在风险的视角下，财政支出也可以理解为政府为化解公共风险的支出。本书使用财政支出的主要目的是希望阐明财政与公共风险的关系，并探讨政府风险治理的职能。通常来说，财政支出有广义和狭义之分，两者的区别在于是否包括预算外支出，考虑到预算外支出不具有经常性特点，且统计口径与预算内支出相差较大，因此本书研究的财政支出只包含预算内支出。

（二）财政支出结构

按照我国2014年修订的《中华人民共和国预算法》规定，一般公共预算支出分为两类：一是按照其功能分类，二是按照其经济性质分类。其中，按支出功能分类的财政支出是以政府主要职能活动所进行的支出分类，有助于反映政府的职能。主要支出功能科目包括：一般公共服务、外交、国防、公共安全、教育、科学技术、文化体育与传媒、社会保障和就业、社会保险基金支出、医疗卫生、节能环保、城乡社区事务、农林水事务、交通运输、采掘电力信息等事务、粮油物资储备及金融监管等事务、国债事务、其他支出和转移性支出①。

在现有研究中，为了研究财政支出的经济效应，逐渐形成了对财政支出的进一步分类：Devarajan 等（1996）② 提出在理论上可以把公共支出分解为生产性和非生产性，并把生产性支出定义为"在公共支出中随着占比提高将促进经济增长率提高的那部分支出"。为明确不同的财政支出类型所产生的环境风险治理效应，本书结合现有研究成果，提出非经济性财政支出的概念，即不以经济发展为目的的财政支出，将教育、科技、文化体育与传媒、社会保障和就业、医疗卫生五大类作为非经济性财政支出的构成部分。

（三）环境支出

目前，我国环境领域的财政支出包含了环境支出、环境治理投资支出、环境专项资金、节能环保专项转移支付和生态转移支付等多种支出形式。考虑到地方政府是我国环境保护的主体，2021年地方性环境支出占全国环境支出的比

---

① 来源于财政部网站，经笔者整理。
② Devarajan S，Swaroop V，Zou H F. The Composition of Public Expenditure and Economic Growth ［J］. Journal of Monetary Economics，1996，37（2）：313-344.

重达到 95% 以上，为此本书选择环境支出作为研究对象。所谓环境支出，即 2007 年政府收支分类科目改革中增设的"211 环境保护科目"，后更名为"节能环保预算科目"，经过逐步增添款级、类级科目（2008~2009 年），系统化地精简完善科目（2010~2013 年）两个阶段不断完善（吴洋，2014）[1]。按照财政部出台的《2021 年政府收支分类科目》，"211 节能环保支出"预算科目主要包括：环境保护管理事务（含行政运行、生态环境保护宣传等）、环境监测与监察（含建设项目环评审查与监督等）、污染防治（含大气、水体、噪声等）、自然生态保护（含生态保护、生态及物种资源保护等）、天然林保护（含森林管护、停伐补助等）、退耕还林还草（含退耕现金、退耕还林工程建设等）、风沙荒漠治理（含京津风沙源治理工程建设等）、退牧还草（含退牧还草工程建设等）、已垦草原还耕还草、能源节约利用、污染减排（含生态环境执法监察、减排专项支出、清洁生产专项支出等）、可再生能源、循环经济、能源管理事务、其他节能环保支出，基本涵盖了污染防治和生态保护的全部内容。

需要说明的是，在其他研究中经常使用到的"环境治理投资"来研究其与环境质量的关系（董竹、张云，2011；张亚斌等，2014；郑尚植、宫芳，2015），但通过结构分析可以看出环境治理投资由于主要侧重于工业和城市污染治理，不能涵盖当前环境风险的全部方面，加之统计口径存在问题使数据虚高，且资金来源多元，不能真实反映财政投入水平，因此未将其作为分析对象。

三、环境风险治理效应

效应是某些因素对观测结果所产生的影响。在经济学研究中，往往会用到以下几种效应：①互补效应、替代效应，描述的是两个变量之间的相互关系，即"此消彼长"或"非此即彼"；②直接效应、间接效应，描述的是一个变量对另一个影响方式，即直接影响或通过其他机制间接地影响；③负效应、正效应，描述的是一个变量的变化所带来的另一个变量的变化方向，即正向的变动或负向的变动等。因此，效应的研究只关注变量之间的方向，而不关注影响的程度。

---

[1]　吴洋. 我国政府收支分类科目及支出决算中环保支出的变化评析 [J]. 现代经济信息，2014（20）：306-307.

具体到环境风险治理效应，是指被考察因素对环境风险所带来的影响，要么提高了环境风险，要么降低了环境风险。本书所研究的财政支出的环境风险治理效应，包括两个层面的含义：一是判断财政支出对降低环境风险所产生的是正向效应（降低风险）还是负向效应（提高风险）。其中，财政支出的环境风险治理正效应，是指随着财政支出的增加环境风险逐步减小，两者呈现相反方向的变动；当两者出现正向变动时，称之为财政支出的环境治理负效应。二是指研究财政支出对降低环境风险所产生的直接效应和间接效应，明确效应的传导路径。

四、生态文明建设与政府环境风险治理

据资料考证，我国生态文明的概念最早由著名学者叶谦吉于 1987 年提出，他指出，"所谓生态文明就是人类既获利于自然，又还利于自然，在改造自然的同时又保护自然，人与自然之间保持着和谐统一的关系"①。对于生态文明的定义，尽管具体的概念上仍有争议，但在内涵上基本上形成共识，即生态文明内涵代表的是人与自然的平衡以及人与人的协调发展关系（牛文元，1996）。关于生态文明与其他文明之间的关系，邱耕田和张荣洁（1998）认为它们是有机的统一体，对生态文明的建设不能单独进行，只能以物质文明、精神文明和制度文明及其建设为载体，生态文明的成果也主要是在人类建设物质文明、精神文明及制度文明的过程中体现和取得。可以看出，生态文明所强调的人与自然和谐发展，实际上是一种主张公共风险最小化的平衡理念，即在生态环境风险和经济社会不可持续发展风险之间寻找一个相对的平衡点。从风险的视角来研究生态环境问题不仅有助于化解当前的生态环境问题，还有助于生态文明的实现，因为从风险的本质来看化解生态环境风险同样也是在建设生态文明，两者的本质是一样的。

---

① 刘思华. 对建设社会主义生态文明论的若干回忆——兼述我的"马克思主义生态文明观"[J]. 中国地质大学学报（社会科学版），2008，8（4）：18-30.

第三节　研究体系与主要方法

一、研究思路与框架

基于对当前环境风险的判断，如何有效地应对环境风险是本书重点解决的问题。为了实现预期研究目标，本书以公共风险理论所提出的"政府支出由风险决定，并以公共风险最小化为目标"为思路展开研究。既然财政支出由风险决定，换言之，可通过公共风险是否降低，即财政支出将会带来正向（降低风险）或负向（提高风险）的环境治理效应，来判断财政支出是否有效。在此基础上，研究影响财政支出风险治理效应的主要因素，并通过财政支出结构和体制机制的调整，促进财政支出正向治理效应趋同化，以此来应对环境风险（见图 1-2）。

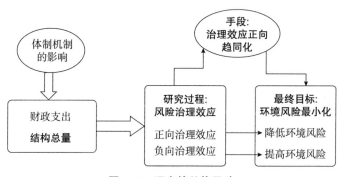

图 1-2　研究的总体思路

对照公共风险理论，环境支出、财政支出分别作为化解环境风险的直接和间接手段，在环境风险治理中发挥着重要的作用。其中，前者承担着直接应对环境风险的功能，理论上来说其环境治理效应为"正"，因此研究的重点主要在于明确哪些因素弱化了财政支出的环境治理正效应；而从财政支出的层面来看，不同的支出代表了对不同风险的应对，通过结构调整促进风险平衡来实现对环境风险的治理，为此在理论上来说其环境治理效应可能为"正"，也可能为"负",如何通过对财政支出结构的调整，来最大限度地促进财政支出各个结构的环境治理效应正向趋同化则是在政府层面展开研究的重点。因此，本书在研究如何提高财政支出的环境治理正效应时，着重从环境支出、财政支出两个层面展开论述。

基于以上基本思路，本书将围绕"财政支出的环境治理效应"逐步展开、深入（见图1-3）：首先，判断我国的环境风险。判断环境风险是治理环境风险的第一步，本书将构建环境风险指数，形成对我国环境风险的总体的、客观的判断。其次，从环境支出、财政支出两个层面研究财政支出的环境风险治理效应。其中在环境支出层面重点研究影响环境支出发挥正向治理效应的因素；在财政支出层面着重研究财政支出所形成的环境治理正效应和负效应的实现机制和传导路径。最后，从短期、中期、长期提出加强环境风险治理乃至公共风险治理的政策建议，从而有效地应对当前系统性公共风险，推动政府成为具有主动性和系统性的"风险管理者"。

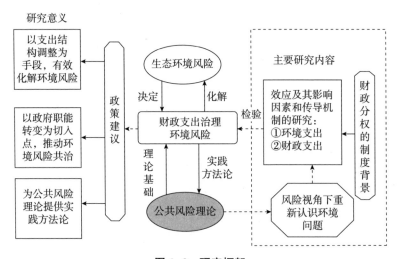

图1-3 研究框架

注：虚线箭头所指的顺序即全书展开的顺序。

二、本书结构

本书从框架上可以划分为四个方面：首先，对研究背景、意义、研究的主要内容和框架以及研究的理论基础和相关文献等进行逐一介绍，构成第一、第二章的主要内容；其次，对研究财政支出效应的理论和方法的介绍，以及基于对当前环境风险判断所形成的环境风险评价的研究，是全书研究的基础部分，分别构成了第三、第四、第五章；再次，在随后的第六、第七章中，分别从环境支出、财政支出两个层面，对其环境风险治理效应进行实证分析，明确环境风险治理效应的评估结果、传导路径和主要影响因素；最后，第八章是在实证研究基础上提出政策建议，即加强环境风险治理，有效应对风险的建议。各个章节的重点研究内容安排如下：

第一章：绪论。主要介绍本书的研究背景和意义，并对主要概念进行阐述和界定后，进一步形成研究的主要思路、框架和主要方法。

第二章：环境风险治理的国内外研究综述。

第三章：财政治理环境公共风险的理论与方法。本章将系统阐述本书的主要理论——公共风险理论，并建立理论分析模型，研究财政支出的风险治理效应，同时制定具体的实证研究方法，形成支撑全书展开的理论基础。

第四章：我国政府环境治理历程与效果评估。在梳理中华人民共和国成立以来我国环境风险治理的演变情况后，对我国的环境问题现状和治理成效进行总体判断。

第五章：环境风险指数研究。通过建立综合化的环境风险评价指标体系，并对评价结果进行分析，明确我国当前环境风险的现状、特点，以及引发环境风险的主要因素等。

第六、七章：分别从环境支出、财政支出两个层面研究财政支出的环境风险治理效应，及其影响因素和效应传导路径。

第八章：强化财政职能 推进环境风险治理。分别从短期内调整支出结构来强化风险治理正效应，中期内以政府职能转变为切入点调动市场社会资源实现环境风险共治，长期内通过环境风险治理的实践、推动国家层面建立起公共风险治理体系三个层次着手，提出政策建议，以有效地应对环境风险乃至公共风险。

三、研究方法

在研究中，本书主要采取规范分析与实证分析相结合、定性分析与定量分析相结合、一般分析与系统分析相结合的分析方法进行研究。其中：

（1）规范分析与实证分析相结合。一是在公共风险理论的基础上，采用规范研究方法对公共风险、生态环境风险、财政支出行为等核心概念的定义、特点以及与其他相关概念的区别进行意义阐述。二是在分析当前我国财政支出的环境治理效应时，通过动态面板数据回归和相关检验方法等实证方法进行分析，并为完成研究任务和提出政策建议提供数据结果支撑。

（2）定量分析与定性分析相结合。本书在分析当前财政支出的环境治理效应时采取定量的方法，而在对照分析结果进行问题归纳时采取定性的分析，实现在分析财政支出的环境治理效应中定量和定性分析两种方法的有机结合。

（3）一般分析与系统分析相结合。本书系统地分析了生态环境问题的产生原因、政府的支出行为现状等核心内容，对于与生态环境风险相并列的经济风险、社会风险等采取了一般介绍，并未展开过多的论述。这样做的目的是既能突出地反映现实需要，又可以站在相对具体的落脚点上展开对问题全面性的论述，避免问题过多导致"空谈"，继而使研究的基础和结构更为扎实。

四、可能存在的创新与不足

（一）主要创新点

（1）拓展了从风险出发研究政府治理的新视角。作为我国环境治理的重要政策手段，财政支出除了要解决已经存在的环境问题，还应承担起化解环境风险的责任。本书在公共风险理论提出的"政府支出取决于公共风险，并以实现公共风险最小化为目的"的观点启发下，以环境问题为例研究了财政支出的风险治理效应及影响因素，既是对财政支出责任的延展性探讨，也有助于形成化解环境风险的政策建议。

（2）构建了环境风险指数来全面评估我国环境风险。环境风险不断升级，更加凸显了环境风险治理的重要性和迫切性，而准确识别和判断环境风险是进行环境风险治理的先决条件。为此，本书通过构建环境风险综合评价指标体系，形成环境风险指数来全面评估我国的环境风险。区别于以往研究中，单纯采取二氧化硫、二氧化碳、废水、工业固体废物等排放量作为衡量环境问题的主要指标，环境风险指数将从环境、资源、生态、经济、社会等多方面进行综合考量，建立起对我国环境问题全方位、立体式、动态化的判断。

（3）提出了在国家治理框架下构建风险管理体系的设想。当前的环境风险是摆在经济、社会发展面前的难题，亟须从风险治理的角度加以应对。但需要注意的是，环境风险不是孤立存在的，而是与来自经济、社会、政治、文化等领域的风险相互交织，共同构成了经济社会发展中所面临的系统化风险，单纯地强调环境风险治理是不够的。为此，本书在加强环境风险治理的研究基础上，提出在国家治理框架内建立国家风险管理体系的设想，通过开展经济、社会、生态发展中的公共风险监测、评价、管理与政策评估等工作，实现对风险的主动预防和应对，推动经济、社会与生态环境的协调发展。

（4）通过环境风险的研究为公共风险理论提供应用案例。本书的研究是在公共风险理论基础上展开的。作为对既有理论的拓展和实践，本书通过对环境风险治理的研究，形成了对公共风险理论的系统性阐述。同时，从财政支出是否有效降低环境风险的角度，展开对财政支出有效性的研究，可视为公共风险理论在解决实践问题中的运用，为公共风险理论指导实践提供了案例，可促进公共风险理论在研究财政支出行为中的应用。

（二）不足之处

（1）研究的全面性存在不足。研究全面性的不足体现在两个层面：一是选择财政支出作为研究对象来研究环境治理问题，忽略了其他的治理手段，导致研究全面性上存在不足。现实中用于应对环境风险的手段有很多，从财政视角来看就有财政支出和税收两大类，而财政支出中又包含了预算支出、转移支付、补贴、政府采购等多种方式，本书在研究中为了便于说明问题，只选取了环境支出和财政支出作为研究重点，并未考虑税收、补贴、政府采购其他手段的影响，在治理手段的全面性上存在一定的不足。二是在环境风险指数的研究中，指标选取的全面性可能存在不足。本书选择利用环境风险综合评价指标体系来计算我国的环境风险指数，由于在具体的指标选择、指标的权重以及数据的处理等方面可能存在一定的问题，导致环境风险指数并不能很好地反映当前的环境风险，在一定程度上也可能会影响对财政支出风险治理效应的判断结果。

（2）研究的数据存在不足。本书的主要研究结论都是基于实证分析所得出的。在实证分析部分，考虑到2007年环境支出才被纳入预算，以及数据的可获得性等因素，所选取的数据仅为2007~2020年的面板数据。总体来看，一方面，时间跨度相对有限，可能存在不能很好地反映动态变化趋势的问题；另一方面，由于数据来源和采集的难度较大，本书使用的都是省级数据，未能使用市级或县级的数据，仅使用省级数据来解释地方政府行为的局限性还是很明显的。

（3）国外有关文献阅读不足。尽管国外未有明确的公共风险理论研究，但针对风险管理的实践工作却早已开展，风险管理的思路、模式、方法等都值得学习和借鉴。但由于笔者外文阅读能力的限制和基础工作不够扎实，本书对国外文献的研究不够，还有待加强。

本章小结

本章作为本书的开篇章节，重点介绍了研究的背景和意义，形成了研究的思路、方法，并对研究可能存在的创新和不足进行预估。

本章的内容可简要归纳如下：

一是环境问题风险化趋势加强促成了本书对环境风险及其治理的研究。人类的环境风险治理源于风险及其所导致的危机应对。从环境问题出发，到对各国环境治理实践的分析所得出的这一客观判断，促成了本书对环境风险的研究。从风险的角度看，不仅在于风险所导致的危机应对，更重要的是风险预防，这对于环境问题中所呈现的"破坏不可逆"来说尤为重要。随着环境污染加剧、资源面临枯竭、生态持续退化，生态环境问题逐步累积、升级，形成了生态环境风险，继而转化为经济风险（发展不可持续）、社会风险（环境群体事件）甚至于政治风险，这种风险已超过个人、企业、机构的承受范围，从"私人风险"走向了"公共风险"。当前摆在我国乃至全世界面前的生态环境问题，已超越了公共物品理论和外部性理论所阐述的市场失灵范畴，而是以系统性、全球性的风险形式存在于横跨生态、经济、政治、社会等多领域，这不仅成为制约未来可持续发展的短板和瓶颈，由此引发的社会乃至政治风险还将直接关系国家稳定。

二是本书形成了以财政支出为起点研究环境风险的新思路。公共风险理论提出的"政府支出由风险决定，并以公共风险最小化为目标"观点，为本书提供了从风险出发研究政府环境治理的新视角。既然财政支出取决于风险，并以实现公共风险最小化为目的，那么就意味着政府可以通过支出来有效地降低风险。就我国的实际情况而言，环境支出、财政支出分别承担着直接、间接地降低环境风险的责任，那么通过分析其风险治理效应和实现机制，特别是影响治理效应的因素，进而提高财政支出的风险治理能力，有助于从根本上解决我国的生态环境问题。围绕"最大程度提高财政支出的环境治理正效应"这一目标，本书沿着以下研究思路逐步推进：第一，判断我国的环境风险。第二，从环境支出、财政支出两个口径，从规模和结构两个角度研究财政支出直接、间接的环境风险治理效应、传导机制和影响因素。第三，以财政支出为突破口，分别对解决我国生态环境问题、推进国家公共风险治理体系建设提出政策建议。

三是本书的目的在于推进环境风险乃至公共风险治理，实现公共风险最小化。本书通过研究财政支出的环境风险治理效应，其目的是推进环境风险乃至公共风险治理，以实现公共风险最小化。当前的环境风险是摆在经济、社会发展面前的一道难题，亟须从风险治理的角度加以应对。但需要注意的是，环境风险不是孤立存在的，而是与来自经济、社会、政治、文化等领域的风险相互交织，共同构成了经济社会发展中所面临的系统化风险，为此单纯地强调环境风险治理是不够的，应当从国家层面，从经济社会、改革实践的全局出发，建立起公共风险治理体系推进公共风险治理，以实现公共风险最小化的目标。

第二章

环境风险治理的国内外
研究综述

随着环境问题不断凸显，越来越多的学者开始从各自研究领域出发，通过研究形成政策建议，以期推动环境问题的有效解决。从财政的视角研究环境问题，往往包含了两个层面，即在对环境问题产生根源展开研究的前提下，一是以公共物品理论指导展开的对环境治理财政政策的研究；二是从政策效应评估的角度展开的对财政支出与环境质量（问题）之间关系的研究。

第一节　环境问题产生根源的研究

正确认识环境问题的本质和根源是解决环境问题的前提和第一步。早在19世纪70年代，恩格斯撰写的《自然辩证法》中谈及人与自然的关系时就指出，"我们不要过分陶醉于我们对自然的胜利。对于每一次这样的胜利，自然界都报复了我们"①。国内外研究学者通过不同角度的研究达成共识，即共同认为环境问题的本质是人与自然关系失衡引发的人类发展的不可持续问题，根源在于人类生产、生活的方式与自然资源存量有限、生态环境承载力有限的矛盾。

一、从经济发展看环境问题的根源

在诸多关于环境问题的研究中，有关经济发展和环境问题的研究最为普遍，

---

① 弗里德里希·冯·恩格斯．马克思恩格斯选集（第3卷）［M］．中共中央马克思恩格斯列宁斯大林著作编译局译．北京：人民出版社，1972.

形成的研究成果和观点也最多。1972 年，罗马俱乐部①发表了具有里程碑意义的研究报告《增长的极限》②，通过计算机模拟分别从人口、工业化、食物、污染、资源消耗五个方面出发，对未来经济增长趋势进行研究，结论指出"假如现有的发展方式不改变，那么在未来 100 年之内的某个时刻地球将面临增长的极限，其最有可能的结局将是人口和工业产值突然且无法遏制的下滑"。该研究中所阐述的观点实际上代表了生态环境问题的经济根源，即经济增长对资源的需求和污染的排放与生态环境资源和生态环境承载力的有限性之间的矛盾。

如果说《增长的极限》代表了一种相对悲观的态度，那么以环境库兹涅茨曲线（见图 2-1）为代表的有关研究则指出了经济发展和解决环境问题之间并非"鱼与熊掌不可兼得"。Grossman 和 Krueger（1991）在研究自由贸易中邻国环境恶化对美国本土影响时，首次通过实证方法研究了人均收入和环境污染的关系，指出"污染在低收入水平阶段随着人均 GDP 的增长而上升，而在高收入阶段随着人均 GDP 的增长而下降"，形成了一条倒"U"形曲线，后被研究界称之为环境"库兹涅茨曲线"③。此后学者 Jalal（1993）、Connor（1994）、Pan-ayotou（1995）等分别通过分析经济发展和环境之间的关系印证了环境库兹涅茨曲线的存在。尽管环境库兹涅茨曲线也受到了一定的质疑，但其在一定发展阶段后环境污染将出现"拐点"的论述为指导实践提供了借鉴。需要注意的是，环境库兹涅茨曲线所描述的"拐点"并不会随着经济的发展而自动产生，而是需要政府、社会、市场共同作用来实现。

国内学者关于环境问题根源的有关研究也基于上述维度展开。我国第一代环境治理的管理者和研究者的代表曲格平先生（1980，2014）认为，尽管工业化会带来环境问题，但造成我国环境问题的根源是高污染、高能耗的粗放式发展模式。周晶（2001）、濮津（2003）、何茂斌（2003）、李秉祥等（2006）、李亚红（2009）、张娅婷和许丹妮（2005）等分别通过研究指出我国环境问题的

---

① 罗马俱乐部（Club of Rome）是一个研究全球问题的民间学术机构，由意大利的著名实业家、学者佩切伊（Aurelio Peccei）和英国科学家金（Alexander King）创立，其宗旨是研究未来的科学技术革命对人类发展的影响，阐明人类面临的主要困难以引起政策制定者和舆论的注意。

② 德内拉·梅多斯，乔根·兰德斯，丹尼斯·梅多斯.增长的极限［M］.李涛，王智勇译.北京：机械工业出版社，2013.

③ 库兹涅茨曲线原本是用来描述经济增长与收入分配之间的关系，即收入分配不均等程度随着经济增长呈先加大后减小的倒"U"形，由诺贝尔经济学奖获得者、美国经济学家库兹涅茨提出。

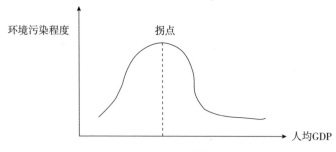

图 2-1　环境库兹涅茨曲线

根源在于市场失灵和政府失灵的同时存在，市场失灵为政府环境治理提供依据，而政府失灵则显示了国家处理经济和环境协调发展问题的不足，因此需要以制度为手段解决环境治理中的政府失灵问题。随着建设生态文明战略目标的确立，国内研究者从生态文明建设的背景下对生态环境问题的本质展开研究，洪大用（2013）、王毅和苏利阳（2014）、任丙强（2013）、赵万里（2015）等研究指出在传统的发展模式下环境问题将陷入"无解"的困境，而走出环境困境需要确立环境优先的"有限"发展观。

二、从科技发展看环境问题的根源

对于环境与科技两者之间的关系，也存在两种不同的观点。Commoner（1971）在综合考量化肥、塑料、汽车、核等对环境的影响后认为"吞噬着美国环境危机的主要原因是自第二次世界大战以来所产生的技术上的空前变革"。德国学者乌尔里希·贝克（Ulrich Beck）在 1986 年出版的著名的《风险社会：迈向一种新的现代性》（*Risk Society：Towards a New Modernity*）一书中指出，现代工业利用科技手段造出大量物质财富的同时，产生了不计其数的"潜在副作用"，并由此导致人类社会进入"风险社会"。由于该书出版那年发生了切尔诺贝利核泄漏事故，使风险社会理论迅速在全球受到广泛关注。

与此持不同意见的美国管理学家迈克尔·波特教授（Michael Porter）基于理论构想和部分实践观察，于 1991 年提出"严格的环境保护能够引发创新，从而抵消生产成本，这不但不会造成企业增加成本反而可以产生净收益"[1]，被称

---

① Porter M E. America's Green Strategy [J]. Scientific American, 1991, 264（4）：168.

为"波特假说"。在此之前的研究中，往往认为环境保护政策会提高私人生产成本，降低企业竞争力，从而抵消环境保护给社会带来的积极效应，对经济增长产生负面效果。波特假说的主张与此形成鲜明对比，因此一经发布便立刻受到了人们的关注。当前理论界对波特假说仍存有较大质疑（见图2-2），反对者认为政府环境功能规制将通过增加成本使企业的竞争优势逐步减弱（魏楚，2014）。

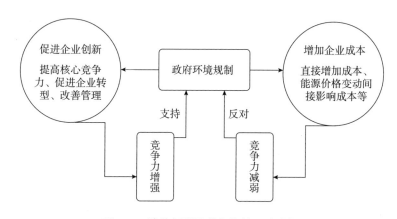

图2-2　波特假说及其争议的理论演绎

资料来源：笔者自行整理。

撇开争议，波特假说至少为解决环境问题，促进经济和环境协调发展提供了一个思路。首先，强调了科技创新在环境管理中的作用。短期来看严格的环境管理标准可能会增加企业成本，但从长期来看可以迫使企业以科技创新为手段，进而减少其成本并提高竞争力。这里科技创新作用体现在两个方面：一是通过科技创新提高生产技艺水平来减少污染的可能性，促进绿色生产；二是通过科技创新促进企业转型，促进绿色经济结构转型。其次，波特假说也肯定了政府在协调经济发展和保护环境中的作用。一是强调政府对企业创新提供激励和服务的作用。政府通过引导资金激发企业的创新动力，同时为企业在进行技术创新和技术引进时提供必要的服务和信息。二是强调政府作为调控主体，利用市场手段解决环境问题的作用。政府通过政策和制度的制定，如建立排污权交易市场等，发挥市场自我调节的作用，引导企业在实现利益最大化的同时，有效地执行政府制定的环境政策。

三、从财政分权看环境问题的制度根源

近年来，随着对财政分权制度的研究增多，一些学者展开了对财政分权所引发的环境问题的研究。从现有的研究结论来看，有反对或支持财政分权增加环境污染两种截然相反的观点。在非对称的博弈模型分析基础上，List 和 Mason（2001）认为当地区差异显著且初始条件下污染程度不高的情况下，分权式所带来的环境问题的减少情况要优于集权式下的情况。而 Garcia-Valiñas（2007）则通过研究 1996~2001 年西班牙各地区水资源治理情况得出，在不同地区的居民偏好具有强异质性的前提下，环境管理采用分权的形式是一种更优的选择。不难看出，两位学者支持财政分权有助于减少环境污染的观点的同时，具有一个基本前提，即地区间存在差异，可以进一步指地区间的居民偏好存在显著差异。相对于第一种支持财政分权减少环境污染的观点，第二种对此持完全相反意见的观点往往更受关注，研究的成果也相对较多。

财政分权会导致污染增加的观点源于对分权中"竞次问题"的研究。据考证，美国法官路易斯·布兰迪斯（Louis Brandeis）在审理法案时首次提出了"Race to the Bottom"，最初是指美国各州为了吸引更多的外资加入当地而展开竞争，在这一竞争过程中不是比谁投入了更多的科技、教育、文化，谁更有发展实力，而是比谁更次，谁更能提供低的税率、更能容忍对本地区环境的破坏。后来这一概念被引入经济学，特别是在研究竞次行为所导致的环境问题时，Dietzenbacher 和 Mukhopadhyay（2007）、Wagner 和 Timmins（2009）、Sanders 等（2014）、Poelhekke 和 Ploeg（2014）、陈刚（2009）、佘群芝（2004）等学者进一步提出了"污染避难所"（Pollution Havens）的概念，即污染密集产业的企业倾向于建立在环境标准相对较低的国家或地区。与此持不同观点的学者 Wheeler（2001）通过研究美国以及巴西、中国、墨西哥这三个接受外资最多的发展中国家的空气情况后认为，竞次竞争模型是有缺陷的，其基本假设歪曲了发展中国家治理污染中的政治问题。

就国内而言，一部分学者从我国财政分权、政治集权所具备的"中国式特点"出发，对公共物品的供给情况展开研究，指出了当前我国地方政府存在着以发展经济为偏好的地方竞争行为。周黎安（2004，2007，2010，2014）通过多篇研究论文指出在我国现行政治体制下，形成了以 GDP 为主的官员考核体系，导致地方官员存在"为经济增长而竞争"的行为特点。因此，Jin 等

（2005）指出地方政府更多的是作为"政治人"而非联邦财政体制中"经济人"存在的，由此原本为增加公共服务而产生的财政分权，在我国却导致了公共服务供给的问题。傅勇和张晏（2007）、张军等（2007）通过公共服务结构的分析指出了在地方政府的竞争特点下形成的"重基础设施建设、轻公共服务"的问题，并进一步将政治分权和财政分权相结合进行研究，指出我国的分权具有"中国特色"，有别于理论上的财政分权（傅勇，2008）。此后，张克中等（2011）、谭志雄和张阳阳（2015）、祁毓等（2014）、张欣怡（2014）、马晓钰（2013）、周国雄（2007）、邓志强和罗新星（2007）、张文彬和李国平（2014）分别从财政分权度与环境质量、中央与地方政府博弈等着手，指出财政分权是导致我国环境问题的制度根源。

第二节　环境风险及其评价研究

在研究生态环境问题中，一些学者指出环境问题的本质是风险，进而从风险视角下对环境问题加以研究。从国内外的现有研究成果来看，关于环境风险的研究主要集中在两个层面：一是对生态环境风险的认识，二是对生态环境风险的评价。在对生态环境风险的认识上，刘尚希（2015）指出当前我国面临的生态环境问题已构成风险，与经济风险、社会风险并列成为发展的三大风险，解决环境问题不是应对一种单独的风险，而是要涉及经济风险、社会风险、环境风险三者的平衡。夏光（2015）指出未来我国将面临环境质量、人群健康、社会稳定、生态环境、区域平衡、国际影响六大生态环境风险，已接近生态环境承载极限，客观形势严峻。

早期的环境治理往往侧重事后的危机应对。然而在实践中，有毒物质一旦进入环境将对生态系统和人类健康带来严重威胁，而彻底治理又将花费大量人力和物力，甚至一些环境问题根本无法治理，由此促使学者展开了对环境风险评价的研究（毛小苓、刘阳生，2003），以提高环境风险的防范能力。最早展开环境风险评价的国家是西方的工业发达国家，采用的方法是利用有毒物质的鉴定对环境引发的健康风险进行评估（林玉锁，1993）。随着技术的不断完善，环境风险评价的内容也逐步完善。Slater 和 Jones（1999）、Darbra 等（2008）、Ågerstrand 等（2013）、Camastra 等（2014）、Voelker 等（2015）、Xu 等（2015）、

Peng 等（2011）通过研究环境风险评价的具体方法和应用，给出了评价环境风险的指标。国内学者杜喜臣（2008）、黄圣彪等（2007）、曹云者等（2007）、滕彦国等（2014）分别从工业、区域等综合环境风险，水域、土壤等污染物的健康风险以及突发环境事件的应急管理等层面研究了环境风险的评价，倡导建立起对环境风险的预警。如果说，之前关于环境风险评价的重点是单一来源、单一途径的静态式评估，那么随着生态环境问题的日益复杂化和多样化，多来源、多途径、多受体的累积性环境风险评价成为当前的主要研究重点。袁鹏等（2015）通过总结国内外累积性环境风险评价研究，指出以社区为基础，同时考虑人类、动物、治污即生态系统的综合的累积性环境风险评估，将在风险决策中发挥着重要的作用。

在现有研究中，通常通过建立综合评价指标体系来评价生态环境。通常有两类：一类是正向的评价指标，如环境绩效指数、环境可持续指数等；另一类是负向的评价指标，如环境脆弱性指数等。以 OECD（经济合作与发展组织）发布的环境评估关键指标体系（Key Environmental Indicators，KEI）为例，其目的是帮助成员国评估环境政策效果，并促进各成员国在环境管理事务中的交流与合作，指标体系包括了污染指标、自然资源和价值指标 2 个二级指标，涵盖10 个方面的三级指标，12 个四级指标（见表 2-1）。

表 2-1　OECD 环境评估指标体系（KEI）

二级指标	三级指标	四级指标
污染指标	气候变化	二氧化碳排放强度 （在中期指标中，又称温室气体排放指数）
	臭氧层消耗	臭氧层表层消耗指数
		臭氧层消耗物质（ODS）
	大气质量	SOx 排放强度
		NOx 排放强度
	城市垃圾	垃圾产生总量强度
	水质	污水处理率

续表

二级指标	三级指标	四级指标
自然资源和价值	水资源	水资源使用强度
	森林资源	森林资源使用强度
	鱼类资源	鱼类资源消耗强度
	能源	能源使用强度
	生物多样性	濒危物种

资料来源：OECD（经济合作与发展组织），https：//www.oecd.org/environment/indicators-modelling-outlooks/24993546.pdf，笔者根据本书内容重新整理。

方创琳和王岩（2015）[①] 利用脆弱性指数衡量城市的脆弱状态，指出城市脆弱性是城市在发展过程中抵抗资源、生态环境、经济、社会发展等内外部自然要素和人为要素干扰的应对能力，包括资源、环境、经济、社会四个方面的脆弱度评估，其中包含了 10 个三级指标和 32 个四级指标（见表 2-2）。

表 2-2　城市脆弱性综合评价指标

二级指标	三级指标	四级指标
资源脆弱性	资源利用脆弱性指数	万元 GDP 综合能耗
		万元 GDP 水耗
资源脆弱性	资源利用脆弱性指数	万元 GDP 电耗
		万元 GDP 建设用地占用
	资源保障脆弱性指数	水资源保障能力
		建设用地保障能力
生态环境脆弱性	生态脆弱性指数	建成区绿化覆盖率
		森林覆盖率
		干燥度指数
	环境脆弱性指数	万元 GDP 碳排放量
		空气质量优良天数比率
		城市污水集中处理率

---

① 方创琳，王岩. 中国城市脆弱性的综合测度与空间分异特征 [J]. 地理学报，2015，70（2）：234-247.

续表

二级指标	三级指标	四级指标
经济脆弱性	经济结构指数	霍夫曼系数
		第三产业增加值占 GDP 比重
		经济外向度
	经济效率指数	投入产出率
		规模以上工业企业资产负债率
	经济创新指数	R&D 投入占 GDP 的比重
		科技支出占地方财政支出比重
社会脆弱性	人类发展指数	人口自然增长率
		万人普通中学在校学生数
		万人拥有医生数
		人均住房面积
		人均 GDP
	基础设施脆弱性指数	百人拥有移动电话数
		百人拥有国际互联网用户数
		建成区供水管道密度
		人均城市道路面积
	社会环境脆弱性指数	城乡差异指数
		贫困人口比率
		城镇登记失业率
		社会保险覆盖率

第三节　环境治理的财税手段研究

自 1954 年萨缪尔森提出"公共物品理论"以来，逐步形成了在"公共物品→市场失灵→政府干预"的逻辑下研究环境治理财税手段的研究思路。由于环境的公共物品属性，使市场在面对生态环境保护和生态环境公共物品供给时出现了"失灵"，其主要表现在企业或地区在追逐自身利益最大化时所导致的"公地悲剧""负外部性"问题、缺乏对生态环境公共物品供给的内在动力等，这些因素使政府成为环境治理的主体。王策（2015）认为决定环境保护成为政府一项最基本职能的根本原因在于环境保护具有最广泛的公共意义。尽管政府的机构是由社会的个体所组成，但它的公共性决定了政府的一般功能在于维护社会的公共利益，解决社会的公共问题。杨启乐（2014）则认为政府的权利由人民赋予，解决生态危机、进行生态文明建设对于政府来说责无旁贷，同时政府也具有其他治理主体所没有的决定性优势。鲁明川（2015）则认为生态治理是国家治理体系和治理能力现代化的重要内容，政府应当成为生态环境治理的主体。郭晨星（2010）指出，无论国内还是国外，政府以及政府间组织是解决全球环境问题的关键角色。李克强（2014）、卢先明（2005）、罗文君（2009）、肖巍和钱箭星（2003）则指出了政府治理环境的主要目的是向公众提供良好的生态环境公共物品，以弥补市场失灵问题。

作为环境治理的主体，政府采用何种手段治理环境成为研究的重点。杨洪刚（2009）通过梳理国外环境治理实践和理论研究，归纳了政府在治理生态环境问题采取的手段，包括命令控制型环境政策工具和经济激励型环境政策工具两大类。在环境治理的早期，命令控制型环境政策成为重点。罗小芳和卢现祥（2011）总结了主要的政策工具，包括政府设置市场准入和退出规则、实施排放标准和禁令、设定技术规范与技术标准、制定生产工艺及其他强制性准则。随着庇古关于排污税和科斯关于产权问题的研究成果的形成，促使以市场为手段的经济式环境政策的形成，关于环境经济政策的研究也日益增多。从国外的研究来看，主要侧重对排污权和环境税收的研究。OECD（经济合作与发展组织）环境委员会于1972年提出的"污染者付费的原则"为各个国家实施排污收费制度提供了基础。Tietenberg（1990）通过成本比较指出，与命令控制手段相比，环境税收将产生较强的影响。Smith（1992）对环境税收的作用原理、政策目标和税收方式等进行了逐一规范。Bosquet（2002）通过对已经实施环境税地区的税收效果进行研究发现，征收环境税地区的二氧化碳排放量显著减少。还有一些学者试图把征收环境税的效应与其他税收联系在一起，对环境税的效应进行研究。Pearce（1991）在研究中首次提出了双重红利的概念，指出在碳税的改革中，用碳税收入替代扭曲性税种的收入可以获得双重红利，即改善环境的第一重红利和减少扭曲性税种造成的效率损失的第二重红利。Bovenberg 和

Mooij（1994）则指出了影响"双重红利"机制的两项效应，第一是收入返回作用效应，第二是税收相互作用效应。

苏明等（2007）系统地梳理了我国的环境经济政策，包括环境财政政策、税收政策、收费与价格政策、金融（信贷、保险）政策等，指出这类环境政策具有经济激励约束，在市场经济体制下，环境经济政策是实现可持续发展的关键。在环境财政政策的研究方面，梁小刚和王刚（2009）、李逊敏（2003）、张沁（2002）、赵美丽和吴强（2014）指出财政是保障政府提供基本环境服务的重要物质基础，决定着环境保护效果的好坏和环境质量的优劣，政府应当加大财政支出来强化环境保护的力度。苏明（2010）通过梳理国外的发展经验指出，当环境治理投资占 GDP 的比重达到 1%~1.5% 时可以控制环境恶化的趋势；当达到 2%~3% 时，环境质量有所改善。李里（2007）、段玉美等（2007）则从政府支出、补贴、绿色采购等方面对建立环境财政政策提出具体建议。李文华和刘某承（2010）认为结构性的经济政策缺位使生态效益及相关的经济效益在保护者与受益者、破坏者与受害者之间的不公平分配，因此应当强化生态补偿机制。欧阳志云等（2013）、王军锋和侯超波（2013）、秦艳红和康慕谊（2007）给出了建设和完善我国生态补偿机制的具体建议。李国平等（2013）则从生态补偿的理论标准和测算方法的角度提出了生态补偿的具体措施。此外，郭建强（2007）从外部性的概念、解决外部性的思路出发，分析了环境污染问题的负外部性特点，引出政府在解决环境污染问题的最优手段是实施可交易的排污许可证、征收污染税等。唐艳和何伦志（2009）、樊根耀（2003）则从产权的角度着手，指出建立生态环境的产权制度有助于发挥市场的作用，从而减少环境问题。

第四节　财政支出的环境效应研究

面对愈演愈烈的环境问题，部分研究学者试图借鉴财政支出对经济增长、消费、收入分配效应的研究方式，展开对财政支出的环境效应的研究，以明确财政支出的环境的间接效应和直接效应，从而形成了"财政支出—环境支出—环境治理"的直接效应研究和"财政支出—经济发展—环境治理"的间接效应研究两种思路。

　　López 等（2011）借鉴 Grossman（1993，1995）的研究中经济增长对环境产生的效应分解方法，将财政支出结构对环境质量的效应分解为直接、规模、替代、预算、监管共五个效应。研究结果表明，支出偏重于社会和公共服务的财政支出结构有利于减少污染，并且在结构不变的情况下增加支出对改善环境治理没有明显的促进作用。Bernauer 和 Koubi（2013）在研究以财政支出为衡量标准的政府规模增长对公共物品供给的影响时发现，财政支出占 GDP 的比重越大，空气污染水平越高。Halkost 和 Paizanos（2013）则利用不同国家的数据考察财政支出对环境污染的直接效应和间接效应，指出财政支出对生产型污染产生的直接效应为负，即增加财政支出降低污染；间接效应则取决于国民收入水平，低收入水平时效应为负，高收入水平时效应为正。

　　国内研究学者卢洪友和田丹（2014）通过实证分析分别从"财政支出—污染排放量"和"财政支出—经济发展—污染排放量"两个视角研究财政支出治理环境的直接效应和间接效应，指出财政支出对于减少污染的直接效应不显著，主要通过影响经济发展进而对污染物排放量产生间接影响，虽然抑制了固体废物排放，但却促进了二氧化硫的排放，因此应当对不同的污染物排放制定不同的政策。张玉（2014）则利用省级面板数据进行分析，其研究结果指出我国现行的环境转移支付、政府绿色采购以及污染治理投资等环境保护财政支出具有正向的环境治理效应，对该文章中选取的工业废水、二氧化硫和工业固体废物的排放具有明显的抑制作用。陈思霞和卢洪友（2014）则通过构建理论框架和实证检验，将政府公共支出（财政支出）结构对环境质量的综合效应分解为技术、消费者偏好、经济规模、要素替代、预算和收入管制共六个效应，并以地级市数据的实证指出提高非经济性财政支出占公共支出的比重将有助于改善地区环境。卢洪友等（2015）通过研究消费性环境污染与财政支出结构的关系，指出非经济性财政支出对消费型环境污染存在正负两种效应，即消费融资效应和环境规制效应，并以后者为主导且受地区廉政环境影响。冯海波和方元子（2015）通过理论和实证分别考察了在中国式分权背景下地方支出对环境的影响，指出地方财政支出无法为环境治理带来正向的直接影响，通过经济间接影响环境的间接效应位居主要地位且净效应为负。

第五节　国内外文献评析

通过文献综述可以看出，现有研究在环境问题的产生根源上基本形成了共识，认为环境问题是不合理的经济增长模式和资源利用方式的共同产物，本质是经济结构、生产方式和消费模式的问题，一般来说财政分权是造成环境问题持续恶化的制度原因。在此基础上，基于资源环境的公共物品属性和环境问题的"负外部性"，以公共风险理论和外部性理论为指导，形成了环境的财政税收政策，包括财政支出、环境税收、排污权收费、生态补偿等具体措施。此外，近年来国外开展的关于环境风险评价、环境风险管理等实践体系值得我国学习借鉴。

总体来看，以财政支出为视角研究环境治理问题，往往先是基于对环境问题的判断，进而提出增加财政支出规模的政策建议，而从财政支出出发研究其环境治理效应的研究相对较少。在为数不多的以财政支出和环境质量（问题）两者关系为重点考察对象的研究成果中，其研究思路、方法和结论值得本书学习和借鉴。

一是在研究财政支出和环境质量（问题）时，引入了环境库兹涅茨方程和索罗增长方程，分别考察环境质量与经济发展、经济发展与财政支出水平之间的关系，形成了"财政→经济→环境"的间接式研究思路，继而通过计算将财政支出的环境效应分为直接效应和间接效应，并在此基础上得出财政支出的总体效应，据此提出政策建议，即如何提高财政支出对环境质量改善的总体正效应。

二是在研究财政支出和环境治理（问题）时，往往采取动态面板数据模型进行实证分析，通过计量手段判断财政支出的环境治理正效应和负效应。

三是在实证研究中，除了对财政支出总量可能带来的环境效应进行研究外，还通过对财政支出结构的变化所产生的环境治理效应的变化进行研究，多数研究都发现了非经济性财政支出在提高环境质量方面的重要作用。

此外，财政支出的环境效应研究现有成果存在着一定的不足，也正是这些不足促使了本书的形成：一是在评价环境治理效应时，往往采取污染物的排放量作为衡量标准，不能体现环境风险中所包含的生态、经济、社会等系统风险，导致政策建议的全面性受到限制；二是在效应研究方面，未考虑影响财政支出治理效应的体制、机制因素，因此未能提出有针对性的改进建议；三是在研究政府支出的环境效应时，往往是通过对经济的间接研究来实现的，容易造成财政支出效应的偏差，因此亟须建立起"财政→环境"研究的新视角。

第三章

财政治理环境公共风险的理论与方法

第一节　相关理论基础

本书的研究重点是通过探索财政支出和环境风险治理的内在关系，继而提出强化财政支出治理风险能力的有关政策建议。因此需要沿着风险治理的逻辑来剖析财政支出的效应及其影响因素，对此公共风险理论、政府分权理论和政府竞争理论等既有理论为本书开展的研究工作提供了理论基础。

一、公共风险理论

以往研究中，往往以经济增长作为中间变量来研究财政支出与环境问题的关系，由于不同学者对变量间相互作用路径的关注点各不相同，研究结论也各有差异。在公共风险理论（刘尚希，2002）提出的"政府支出取决于公共风险，并以实现公共风险最小化为目的"的观点启发下，本书试图建立财政支出和环境风险的直接内在联系，使研究的脉络更为清晰、目标更具针对性。

刘尚希[①]作为最早从宏观层面着眼研究"风险"的学者之一，他的"公共风险理论"由"财政风险"研究而来。在对财政风险的研究中，他指出

---

① 刘尚希，中国财政科学研究院党委书记、院长，国务院政府特殊津贴专家。从我国改革与发展的实践出发，撰写了一系列论著、论文、调查报告和政策建议，其内容涉及宏观经济、收入分配、公共风险、财政风险、公共财政、公共政策等方面。

"一个社会的风险是多种多样的，对于单位或个人来说一些风险可以通过各种途径转移、分散出去，但对于国家来说这些风险最终会综合成为财政风险"，因此"财政风险并不是财政部门的风险，而是整个国家及政府的风险，国家财政是全社会风险的最终承担者"①，这形成了风险视角下研究财政支出问题的雏形。在随后的研究中，通过不断地完善形成了"公共风险决定公共支出""利用风险归宿和逆向分析法来解决政府支出中的'缺位'和'越位'问题"等主要理论观点，构成了公共风险理论的核心。本书之所以提出公共风险理论，其重点并不在于阐述公共风险与公共物品理论之间的区别，而是要解决"在我国市场化的过程中，政府面临着哪些风险？应当承担怎样的风险？以及如何承担风险"等问题。归纳起来，"公共风险理论"的核心观点确立了"政府作为风险最后的承担者"的地位，指出"政府支出由公共风险决定，并以实现公共风险最小化为目标"，可以通过"以适当的财政风险来置换公共风险"②③。

（一）公共风险理论对公共风险和私人风险的界定

"公共风险"可以定义为"由于不确定性产生的个人和企业不愿意也无力承担的、具备社会性影响和隐蔽性的一种风险"④。公共风险并非独立存在的，而是由私人风险转化而来。风险的最初的表现形式是私人风险，当不同的私人风险间存在相互关联的情况时，私人风险将会导致"社会性"后果并转化为公共风险。一旦私人风险转化为公共形态，就有了独立的运动规律，需要由不同于应对私人风险的方法来化解，由此推动了社会公共机构（政府）的产生。

（二）公共风险理论中政府的定位和财政手段的运用

从风险的视角来看，政府的出现是人类发展过程中防范、化解公共风险而自发形成的一种制度安排，它既承担着风险应对制度的运行成本，又是风险的最终承担者⑤（剩余风险的兜底）。财政支出由公共风险决定，并随着公共风险

---

① 刘尚希，隆武华．论财政风险 ［J］．财经问题研究，1997（12）：3-9.

② 刘尚希．公共风险与财政抉择 ［J］．财贸经济，1999（10）：18-21.

③ 刘尚希．公共风险是引导财政改革的那只"看不见的手" ［J］．经济研究参考，2010（60）：10-11.

④ 刘尚希．论公共风险 ［J］．财政研究，1999（9）：12-19，54.

⑤ 刘尚希．财政风险：一个分析框架 ［J］．经济研究，2003（5）：23-31.

的产生而存在、扩大而扩张，同时财政支出又是化解公共风险的手段或工具，将公共风险化于无形。沿着风险归宿逻辑分析，即政府是否承担必要的风险，可判断财政支出的"缺位"问题，而沿着逆向逻辑分析，即如果政府不安排财政支出，风险是否还存在，或政府所承担的风险是否可由个人和社会承担，则可判断"越位"问题。

（三）公共风险理论对政府和市场关系的阐述

公共风险理论认为市场也是化解风险的手段，而市场之所以能够化解风险是源于人们对确定性的追求，进而形成应对各种不确定性（风险）的行动能力。一旦人们将追求确定性的意愿付诸实践，市场便可以通过价格的自动调节机制来化解风险，商业保险便是一个典型的代表。因此，作为化解风险的手段，市场可以被政府所利用，也可以被个人或企业所利用。正如市场失灵理论所指出的，市场的能力是有限的，有发挥不了作用的地方，在面对市场化解不了的风险时，政府作为风险的最终承担者就要采取其他的手段来应对风险。

公共风险理论对指导政府职能改革具有重要的启示作用，主要体现在：政府的职能是由风险来确定的，换言之是风险决定了政府的职能而并非市场失灵。因此，政府在处理与市场关系时占据了主动地位，而不再是被动的调整，这形成了一个以政府的角度看待政府和市场关系的新视角。新视角与全面深化改革强调的转变政府职能，在政府的主导下完善社会主义市场经济体制的改革的逻辑相吻合。此外，公共风险理论分析政府职能还隐含了以下观点是原有理论所不具备的：一是强调了全局观。公共风险并不局限于经济领域，而是贯穿于经济、社会、政治、文化、生态等多个领域，这就要求政府职能具有全局观，不能顾此失彼。二是强调了未雨绸缪的预防观。风险源于不确定性，具有潜伏性，这就要求政府对风险的防范是超前的、常态的，而不是疲于应对各类已经暴露的风险危机。三是强调了政府治理的底线思维观。有些风险所引发的问题常常会危及个人、国家，甚至于人类社会，这就要求政府在有限资源下至少要保证这些风险领域不出问题，这个过程实际上蕴含了政府治理的底线思维。

本书所阐述的公共风险理论的内涵和逻辑关系如图3-1所示。

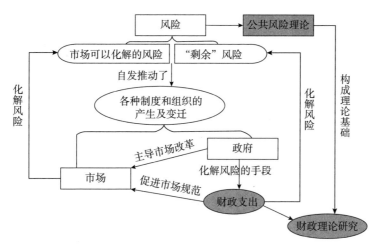

图3-1 公共风险理论的内涵和逻辑关系

二、政府间财政分权理论

在现实中，一国政府往往包含了多个层级，不同层级政府间，特别是中央政府和地方政府之间的财政收支责任如何划分、事权如何界定，在一定程度上决定了政府用于治理风险的财政资金分配及分工情况，进而影响了财政支出对风险治理的效果。因此，基于政府间财政关系所形成的财政分权理论为研究的展开提供了理论依据。

（一）理论的演变及主要观点

所谓财政分权，是指中央政府给予地方政府一定的税收权利和支出责任，允许其自主决定预算支出规模与结构，使其能够自由地选择所需的财政类型，从而有效地为当地居民提供所需的地方公共服务①。早期的财政分权理论重点在于阐述地方政府存在的必要性，以弥补新古典经济学的缺陷，随着后续研究的不断深入逐步形成了两代财政分权理论。

其中传统的分权理论以蒂布特（Charles Tiebout）的"以足投票"理论、马斯格雷夫（Richard Abel Musgrave）的分权思想、奥茨（Wallace E. Oates）的分权定理以及布坎南（James Mcgill Buchanan）的分权俱乐部理论等为代表，其核

---

① 杨灿明，赵福军. 财政分权理论及其发展述评 [J]. 中南财经政法大学学报，2004（4）：3-10+142.

心观点是从公共物品有效供给的角度出发，提出如果将资源配置的权力更多地向地方政府倾斜，那么通过地方政府间的竞争，能够使地方政府更好地反映纳税人的偏好。20 世纪 90 年代以来，钱颖一、温格斯特（Barry R. Weingast）、罗兰（Gerard Roland）以及怀尔德森（David E. Wildasin）等学者，指出传统分权理论只从地方政府的信息优势说明了分权的好处，但没有充分说明分权有效的机制，并且其对政府官员遵守职责的假设也存在问题，因为政府和政府官员也有自身利益，只要缺乏必要约束，政府官员就可能会有"寻租"行为。因此，他们把研究重点从有效的公共物品供给转向有效的政府行为，通过运用委托—代理模型引入设计机制来约束政府的短视性掠夺行为并强化预算约束，以实现政府官员与本地居民福利的激励相容，从而形成了第二代分权理论。

运用财政分权理论来分析环境治理问题不难看出，由于不同地区资源环境禀赋、利用状况以及经济社会发展水平、人口结构等差异较大，潜在的环境风险各不相同，因此地方政府应承担起环境风险治理的主要职能，而如何建立起适当的激励机制关系到风险治理的最终效果。

（二）财政分权的测度

随着财政分权理论研究的不断深入，一些学者通过实证分析的方法来研究分权所产生的影响，而如何准确地量化财政分权度成为这类研究是否有效的关键。对此，张光（2011）归纳了现有研究中主要采取的测度方式，包括三类：一是收入分权，一般用某一地区财政收入与全国财政收入的比值表示；二是支出分权，一般用某一地区财政支出与全国财政支出的比值表示；三是财政自主性，一般用某一地区自有财政收入与总财政支出的比值表示。结合我国的实际情况来看，龚锋和雷欣（2010）、陈硕和高琳（2012）认为采用财政自主性这一测量指标，更符合我国 1994 年分税制改革以来的实际情况。此外，Ebel 和 Yilmaz（2002）指出"财政自主性"指标公式中分子和分母均存在跨时间和跨地区的变化，在使用存在地区差异的面板数据进行分析时，避免了收入分权和支出分权的测度公式存在的分母一致的问题，指标的准确性更高。

（三）分权视角下的地方政府竞争

所谓地方政府竞争是在利益最大化的目标驱使下，地方政府采取公共政策来争夺生产要素的过程。作为财政分权理论的分支，地方政府竞争理论侧重分析在财政分权背景下不同地方政府相互作用的关系，并通过这种相关关系的分析为适当的财政分权提供依据（杨海水，2004）。尽管相关学者在地方政府竞争问题的研究中尚未达成共识，但一些研究观点为本书提供了启发和借鉴。在现实中，税收竞争往往是地方政府间竞争的主要手段，因此有关税收竞争问题的研究也更为集中。蒂布特在"以足投票"的理论框架下，提出当辖区内居民拥有完全流动性时，地方政府通过税率和公共服务水平的竞争以吸引更多的居民留在本辖区内，这种竞争将带来资源配置效率的提高，有利于实现社会福利最大化，该理论也成为地方政府间税收竞争分析的基础。然而，一些学者的分析结论却给出了相反的意见。奥茨（1972）指出"税收竞争可能会导致公共服务低于效率水平。因为地方政府为了吸引投资可能降低税率，从而使公共投入低于最优水平，尤其是那些不能直接为商业投资带来利益的公共支出更将受到影响"。这一观点为解释我国政府环境治理内在动力不足提供了基础。

郭栋和胡业飞（2019）通过文献综述将地方政府竞争的行动路径总结为"财税竞争""制度竞争""标尺竞争"三类，说明了地方政府"为增长而竞争"的内在动力。我国学者张晏等（2010）借助实证分析指出了我国地方政府之间存在着相互模仿的公共支出行为，而这种模仿的激励主要来自于自上而下的标尺竞争。

三、政府间的"委托—代理"理论

"委托—代理"理论（Principal-Agent Theory）最早源于对公司治理的研究，随着公司制改革带来的所有权和经营权的分离，如何在利益冲突和信息不对称的情况下，设计出最优契约来激励代理人构成了该理论的主要内容。构建委托—代理的理论模型需要三个基本条件：委托人和代理人之间的信息不对称、契约关系和利益结构。其中，面对信息不对称，委托人不能观测到代理人的全部行为，因此委托人面临的问题是选择满足代理人参与约束和激励相结合的方式来实现对代理人的有效管理，从而达到期望效用最大化。对于有效激励机制的选择，学者们给出了多种建议，如建立长期的契约关系，将部分产权转移给代理人，利用市场声誉等隐性激励手段以及众多代理人的相对绩效进行奖惩。

在此后的发展中，委托—代理理论被广泛地运用到公共部门间关系的研究中，特别是中央和地方之间的"自上而下"的委托代理关系，通过有效的激励与约束相结合的制度设计，将有助于在中央和地方政府之间建立起合作博弈的关系，实现双方共同利益最大化。然而在现实中，中央和地方的这种合作博弈关系受到多种因素的影响，从"委托—代理"关系的角度分析主要包括：一是"委托缺位"和"代理越位"，即中央政府应该委托给地方的事项没有授予地方，以及地方政府的行为未获得中央授权的越位情况（李小明，2011）；二是道德风险与逆向选择，前者是指地方政府通过投机行为实现自身利益最大化而损害了中央政府的利益，而后者则突出了地方政府对中央政府政策执行的背离问题；三是中央政府的"理性无知"，即中央政府在面对搜索信息的巨大成本和结果不确定性时，不去获取相应信息的行为。在政策实践中，中央政府对地方政府政策执行情况的核查成本较高，且其结果是否准确存在未知性，因此理性的中央政府往往会选择不核查，从而处于"理性无知"的状态（高燕妮，2009）。对此，王金秀（2002）建议应以法权来约束行政权，通过预算改革以经济权利约束行政权力，兼用市场化和政治化两种权力约束政府行为以及打破政府的信息垄断等措施来建立起有效的中央和地方之间的委托—代理关系。

四、碎片化政府理论

在研究财政支出问题时，财政资金的碎片化问题成为不可回避的现实，而财政资金的碎片化往往源于权力的碎片化。为此，这里对政府权力碎片化的有关理论进行简要阐述。

Culick 在《组织理论札记》中便关注了由过度分工所造成的碎片化问题，指出"分工固然有益，但过度的分工容易演变为分散化，无法创造整体效益，因此如何建立有效的沟通和协调方式是组织理论的关键问题"[①]。对此，Perri 等（2002）进行了定义，如果不同职能的部门在面临共同的社会问题时各自为政，缺乏相互协调、沟通和合作，使政府的整体政策目标无法顺利达成时，就构成了碎片化的政府（Fragmented Government）。对于碎片化政府产生的根源，Perri 等提出了"良性"和"恶性"之分，其中良性的碎片化是在外部因素驱动下所实现的有益的碎片化，如公众对多元化服务的需求促使政府向碎片化发展等；恶性的碎片化则是有意为之所形成的，如政治家为了扩大其权力范围而采取的"分而治之"的策略等。唐兴胜（2014）把官僚体制、政府部门间的利益之争以及新公共管理改革等作为导致政府碎片化的主要原因。碎片化往往会导致政

---

① 唐兴盛. 政府"碎片化"：问题、根源与治理路径 [J]. 北京行政学院学报，2014（5）：52-56.

府治理的失灵（叶托等，2011），主要表现在组织价值的碎片化，即呈现不同的部门利益。财政资金的分配最为典型，在部门化的分配方式下，财政资金成为部门的自有资金，因此在使用上具有决定权，产生了"财政出钱，部门出政策"的问题，进而影响了财政政策作为国家宏观调控手段的完整性和合力效应；此外还有决策的碎片化。Lieberthal 和 Lampton（1992）提出了"碎片化权威"的概念，并指出中国的公共政策的决策过程实际上是部门之间相互博弈的过程。针对政府碎片化和碎片化所产生的负面影响，Pollitt（2003）提出了"整体型政府"的概念，促使某一政策领域中不同利益主体实现团结协作，更好地使用稀缺资源为公民提供服务。

五、外部性理论

外部性又称溢出效应，是经济学研究中的一个重要概念，广泛应用于环境保护等领域的研究和政策制定，因此也是本书的重要理论基础之一。尽管对于外部性的定义，学界还存在不同的看法，但大体上可归纳为两个角度：一是外部性接受主体和产生主体，二是外部经济或外部不经济。萨缪尔森在《经济学》中对外部性的定义涵盖了以上两个视角，指出当生产或消费对其他人产生附带的成本或收益时，外部性就产生了。政府、企业、个人甚至自然界都可以成为外部性的产生者，也可以是外部性的接受者。基于外部性，特别是外部不经济对资源配置所产生的不良影响，促使更多的学者从如何消除外部性的角度展开了研究。沿着如何使外部性"内部化"的逻辑，形成了以庇古税和科斯定理等为代表的研究成果。其中，庇古税是指通过政府征税或者给予补贴的形式，消除边际私人收益（成本）和边际社会收益（成本）的差异，实现外部效应的内部化；科斯定理则通过对庇古理论的批判，指出当交易成本为零的情况下，解决外部性问题不需要庇古税，市场交易和自愿协商便可以实现资源的有效配置，但其前提是要有明确的产权。

第二节　构建风险决定的财政支出理论函数

沿着公共风险理论所给出的"政府支出由公共风险所决定"的理论判断，

本书试图构建由风险决定的财政支出理论函数，建立起"财政支出"和"风险"的直接联系，为以后章节研究财政支出的风险治理效应提供分析基础。

一、风险决定的财政支出理论函数

(一) 理论函数成立的前提条件

在建立由风险决定的财政支出理论函数时，需要明确以下前提条件：

(1) 风险由私人风险和公共风险组成，其中决定财政支出的是公共风险。对照公共风险理论，这意味着政府是"风险"的最后承担者，即财政支出所要化解的是公共风险，而非私人风险。

通过延伸可以看出这一假设背后所蕴含的两重前提，即：非政府机构（个人、企业、社会组织等）是私人风险的承担者；私人风险可通过市场手段进行治理。市场之所以能够有效地化解私人风险，源于个人、企业、社会组织等对于确定性的需求。在市场机制的内在作用下，出现了各类防范不确定性的产品或服务，如商业保险，形成了利用市场手段化解私人风险的风险治理方式。这也就意味着政府、非政府部门是风险的共同归宿，其所承担的风险边界随着市场治理风险能力的不断提高而变化。

(2) 公共风险是财政支出的起点，即风险决定支出。两者间的关系并非是简单的线性相关关系，如风险越高财政支出越大，而是类似于倒"U"形曲线关系，即在拐点左侧，风险越高财政支出越大；在拐点右侧，随着政府风险治理能力的提高所产生的支出的规模效应，使风险越高所需的财政支出反而越小。

(3) 财政支出的目的是降低公共风险。按照公共风险理论的阐述，财政支出的目的是降低公共风险，因此沿着财政支出的角度来分析公共风险，理论上两者间应存在着某种负相关的关系，即财政支出越大，公共风险越低。

(4) 财政支出受到财力约束，不可能无限增长。这也就意味着面对不断提高的公共风险，财政支出永远不可能消除公共风险，只能以公共风险最小化作为目标，因此可以以公共风险是否降低作为衡量财政支出是否有效的标准。

在约束条件下重新研究财政支出与风险的关系，更加凸显了对政府风险平衡治理思维的要求。由于风险的来源是广泛的，政府在面对财力约束时，对于风险治理资金的安排就要进行取舍。这并不是让政府放弃风险治理，而是要求政府对不同的风险进行权衡；换言之，是力求在不同的风险之间寻求一个平衡点，避免治理一种风险的同时又带来新的风险的问题，即实现公共风险最小化。

(二) 一般表达公式

正如公共理论所阐述的，财政支出由公共风险所决定，据此可构造一个简单的因果函数。假设公共风险为 R(Risk)，财政支出 FE(Fiscal)，那么财政支出 FE 可以看作是以公共风险 R 为自变量的函数，表示为：

$$FE = f(R) + \mu_0 \tag{3-1}$$

其中，μ_0 表示随机误差函数。

如果把公共风险进行分解，分别归纳为生态环境风险 EER(Ecological Environment Risk)、经济衰退风险 RR(Recession Risk)、政治和社会稳定风险 SR(Stability Risk) 这几类，即风险分因子，那么 R 可以视为是上述风险分因子所构成的函数，那么公共风险 R 可以表示为：

$$R = g(EER, RR, SR, \cdots) + \mu_1 \tag{3-2}$$

其中，μ_1 表示为随机误差函数。

从函数结构来看，财政支出是一个由不同风险分因子所决定的复合型函数：

$$FE = f(g(EER, RR, SR, \cdots) + \mu_1) + \mu_0 \tag{3-3}$$

通过构建上述理论模型可以看出，作为以公共风险为自变量的函数，财政支出函数在理论上应该具备以下性质：

第一，公共风险越大财政支出越大。公共风险发生的范围越大，可能产生的后果越严重，那么公共风险就越大，所需要的财政支出也越大。通常情况下财政支出和公共风险应保持着正向的变动。

第二，公共风险是由不同风险所决定的，但要注意并不是风险的简单加和。公共风险由不同领域的子风险所构成，但并非是这些子风险的简单加和，这可能是不同的子风险在相互作用下不断激化，大幅度提升公共风险的范围和程度，即出现"1+1>2"的情况；也可能是不同的子风险之间在相互转化、叠加时产生消减的现象，一定程度上会降低公共风险，即出现"1+1<2"的情况。

第三，财政支出是由不同子风险决定的一个复合型函数，因此总的风险支出不是各个风险支出的算数加总，即政府在处理多个风险时，所需的支出不是每个风险所需支出的简单加和，而是由不同风险交织在一起的系统风险综合决定的。这意味着政府在处理公共风险时，既要注重对子风险的特殊性的考量，又要考虑总体的系统风险特点和支出需要，采取"全面部署"和"局部突破"相结合的战略。

二、风险决定的财政支出函数：目标转置

考虑到政府在利用公共支出化解风险时面临着收入（财力）的限制，那么在研究财政支出的风险决定函数时，可以将目标从考虑财政支出的角度，转变为在给定的财力约束下，如何发挥财政支出化解风险能力的最大化，形成一种对财政支出函数的转换，其内在逻辑见表3-1。

表3-1　风险决定的财政支出函数的研究线索

类型	函数的内在逻辑	函数的求解目标
函数的一般形式	公共风险→决定财政支出≤政府收入	最优的财政支出
函数的特殊形式	财政支出→降低公共风险	公共风险是否降低 （向公共风险最小趋近）

按照上述逻辑，可以对风险决定的财政支出函数进行一定的变形，假设：

公共风险函数为R，作为因变量，考察政府支出变化对其影响情况；财政支出为FE，财政支出的目的是应对风险。财政支出函数是一个由财政支出规模$FESize$（Fiscal Expenditure Size）和财政支出结构FES（Fiscal Expenditure Structure）两个变量决定，同时受政府财政自主性FD（Fiscal Decentralization）、政府经济性支出行为偏好GP（Government Prefer）等因素影响的复合函数，因此从财政支出是否降低风险的角度进行衡量时，公式（3-3）可以变化为：

$$R = f(FE) + \mu_0 = f\left[g(FESize,\ FES)\right] + control(FD,\ GP,\ \cdots) + \mu_0$$

$$(3-4)$$

通过上述转置，把对财政支出的研究从数量上的研究转化为质量的研究，也就是说，通过判断财政支出是增加还是减少公共风险，继而形成在既定支出规模下，如何通过调整结构、改进支出的制度环境等方式来提高财政支出化解风险的能力，进而实现对风险的有效治理。这对于解决我国当前环境治理投入普遍不足、支出增长有限的现实困难具有一定的现实意义。

三、财政支出的风险治理效应理论推导

风险决定的财政支出理论函数经过置换后形成的新函数，不仅可以将财政

支出的研究放置于更为现实的背景之下（即支出受财力约束，无法无限增长），还对研究财政支出的风险治理效应有一定的指导意义。从结构来看，可将财政支出的风险治理效应分解为两个层面：

第一层，考察财政支出的总体效应。把财政支出 FE 作为整体函数，通过代入数据进行回归分析，研究财政支出 FE 与公共风险变化量 R 之间的相关性，形成一个从总量上考量财政支出对风险的减少或增加效应。计算公式为：

$$财政支出的风险治理效应 = \frac{\partial R}{\partial FE} \tag{3-5}$$

第二层，考察财政支出内部构成和外在因素对风险治理效应的影响。把财政支出看作一个具有内部结构的"盒子"，通过对盒子中各个成分对财政支出效应的影响研究，打开财政支出风险治理效应的"体制机制层面的黑匣子"，形成一个从财政支出的结构、制度环境、政府行为等多角度研究财政支出效应的综合考量。计算公式为：

$$财政支出的风险治理效应 = \frac{\partial R}{\partial FE}\frac{\partial FE}{\partial FESize} + \frac{\partial R}{\partial FE}\frac{\partial FE}{\partial FES} \tag{3-6}$$

在本书的后续研究中，将围绕公式（3-6），分别从财政支出规模和财政支出结构两个层面分析财政支出的风险治理效应，并结合财政支出的制度环境、政府行为偏好等剖析影响财政支出风险治理效应的主要因素。

第三节 财政支出对风险治理效应的研究方法

在研究财政支出的效应及其传导机制时，一般采取实证研究方法，借助分析软件对面板或截面数据进行分析以形成结论。普遍采取的方法包括：一是动态面板数据模型的 GMM 估计法（樊行健、李懋劼，2011；邱兆林、马磊，2015），通过回归分析和回归系数的显著性检验，明确解释变量所引发的被解释变量正向或负向的变动情况；二是基于 VAR 模型的脉冲响应函数分析（张少华、黄寿峰，2010；陈彩虹，2012），通过计算冲击响应分析解释变量对被解释变量在不同时期的影响效果，往往用于多变量的分析；三是面板数据平滑转换模型（PSTR）（张淑翠，2011），验证解释变量和被解释变量之间存在一个连续平滑转换的机制，进而分析溢出效应和门槛效应等。

一般来说，在使用计量模型进行实证分析时，往往有静态和动态模型之分，前者以截面数据为样本，后者则以时间序列数据为样本。相对于只包含一个时间点的截面数据样本来说，面板数据样本具有时间、截面空间两个维度，可以为研究提供更多的信息量。两者在分析中所使用的方法也各不相同，前者一般采取静态数据模型，后者则使用动态数据模型，其区别在于后者通过在静态面板数据模型中引入滞后被解释变量，通过滞后效应研究来实现动态分析。

在研究财政支出的风险治理效应时，考虑到除了本期财政支出外，前一期的财政支出、前一期的公共风险都可能会影响本期的公共风险。为此，选取动态数据模型考察本期和前一期财政支出对本期公共风险的影响情况。所采用的公式具体如下：

$$R_t = \sigma_1 R_{t-1} + \sigma_2 f(FE_t) + \sigma_3 f(FE_{t-1}) + \mu_t \tag{3-7}$$

本章小结

本章的主要研究结论如下：

一是以公共风险理论为指导研究财政支出和风险治理两者间的关系。在研究两者关系时，以公共风险理论作为研究展开的理论基础。该理论的核心观点是"政府支出取决于风险，并且以公共风险最小化为目标"，指出了财政支出和风险治理两者间的内在关系。沿着风险视角来看，政府是风险的最终承担者，财政支出由公共风险决定，并随着公共风险的产生而存在、扩大而扩张，同时财政支出又是化解公共风险的手段或工具，将公共风险化于无形。"公共风险理论"着眼于解决"在我国市场化的过程中，政府面临着哪些风险？应当承担怎样的风险？以及如何承担风险"等现实问题，有助于形成以财政支出为手段化解当前我国发展中面临的公共风险。此外，财政分权即政府竞争理论、政府间委托—代理理论、碎片化政府理论以及外部性理论为研究财政支出对环境治理的影响因素提供了理论依据。

二是以公共风险理论为基础构建起风险决定的财政支出函数。以公共风险理论为基础，可以构建一个由不同的风险因子决定的财政支出的理论函数。由于现实中，通过公共支出化解风险时往往面临着财力约束，为此，本章提出将函数进行转置，把原有函数对财政支出数量的分析，通过判断财政支出是增加公共风险还是减少公共风险，将考察的重点从支出的数量转化为支出治理风险的质量，也即如何在既定的财政支出下，通过结构调整以及相关影响因素调整来提高财政支出治理风险的能力，进而有效地化解和防范风险。

三是确定研究财政支出对风险治理效应的实证方法。在研究财政支出的风险治理效应时，考虑到除了本期（通常以年为单位）财政支出外，前一期的财政支出和前一期公共风险可能会影响本期公共风险，为此选取动态数据模型考察本期和前一期财政支出对本期公共风险的影响情况进行分析。

第四章

我国政府环境治理历程与效果评估

随着以"五年规划"为主的工业化发展部署的逐步实施，我国展开了大规模的工业化建设，在推动经济社会快速发展的同时，环境问题日益凸显。周恩来总理等国家领导人基于对环境问题严重性和危害性的判断，促成了我国在1972年参加联合国人类环境会议，并于1973年第一次召开全国环境保护会议，由此拉开了我国环境治理的序幕。此后，随着经济的不断发展，环境问题的程度不断加深、范围不断扩大，我国环境治理投入和力度不断加大，并建立起以政府为主导的环境治理体系（见图4-1）。总体来看，"环境污染严重、环境风险高、生态损失大的问题仍在继续"①。

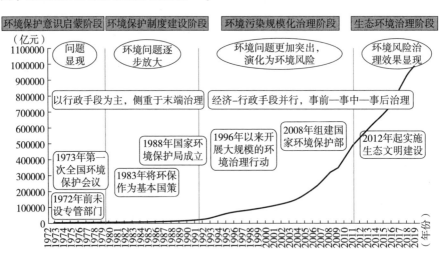

图4-1　我国环境治理的演变历程（1972~2019）

注：纵坐标代表不同年份我国GDP规模的演变情况。

_____
① 援引于原环境保护部部长陈吉宁在国务院新闻办公室2016年2月18日召开的中外媒体见面会上的发言。资料来源：中国政府网，http：//www.gov.cn/xinwen/2016-02/18/content_5043438.htm.

第一节　我国政府环境治理的发展历程及财政投入情况

一、我国政府环境治理的发展历程

在经济发展的过程中，我国环境问题逐步凸显，并进一步推动了政府环境治理体系的发展和演变。总体来看，我国政府环境治理可分为四个阶段，分别是环境保护意识启蒙阶段、环境保护制度建设阶段、环境污染规模化治理阶段[①]以及以生态文明为目标的生态环境治理阶段。

（一）环境保护意识启蒙阶段（1972~1978 年）

在中华人民共和国成立初期，生态环境管理并未纳入政府管理体系。随着以"五年规划"为主的工业化发展部署的逐步展开，以及"大跃进"时期"五小"企业[②]先后上马以及"文革"期间"变消费城市为生产城市"的政策引导（周宏春、季曦，2009），环境问题日益凸显，特别是国内部分城市出现的水系污染事件，引起了有关政府部门的重视，由此促进了我国环境治理理念的形成和环境治理体系的建立。

在这一发展阶段中，社会普遍观点认为"社会主义没有污染，污染是资本主义的产物"。在这种舆论氛围下，周恩来总理具有先见之明地指出我国环境问题不是小事，力排众议，促成了我国代表团 1972 年的斯德哥尔摩之行和我国第一次环境保护会议的召开，推动了我国环境治理的第一步。对此，我国首位环境部部长、被称之为"环境保护第一人"的曲格平先生指出，周恩来总理是我国环境保护事业的开创者和奠基人。1972 年的斯德哥尔摩联合国人类环境会议提及的国外环境突出问题和治理理念，对此后我国的环境保护管理体系、制度建设产生了重要的影响。

---

① 曲格平. 中国环境保护四十年回顾及思考（回顾篇）[J]. 环境保护，2013（10）：10-17.
② 特指浪费资源、技术落后、质量低劣、污染严重的小煤矿、小炼油、小水泥、小玻璃、小火电等企业。

1973 年，我国召开第一次全国环境保护会议，提出了"全面规划，合理布局，综合利用，化害为利，依靠群众，大家动手，保护环境，造福人民"的环境保护工作方针，成为指导我国环境治理工作的纲领性方针。会议举办后，国务院在批转原国家计划委员会《关于保护和改善环境的若干规定（试行草案）》时指出："各地区、各部门要设立精干的环境保护机构，给他们以监督、检查的职权"，促成了我国环境保护部门的设立①。1974 年，经国务院批准成立国务院环境保护领导小组，成员由 20 多位有关部委领导组成，主管和协调全国的环境工作，这是我国第一个专职意义上的环境保护管理部门。与此同时，我国加快摸排环境污染的底数。1971 年起，由当时的卫生部军事管制委员会牵头，在全国范围内开展了大规模的污染调查活动，其中既包括了全国普查性质的对工业"三废"污染的调查，也包括了针对重大污染事件的重点区域调查，如对北京官厅水库的污染调查等。从调查的重点和方向来看，当时中央政府对于污染问题产生的背景、解决办法以及政府在其中的职责已有初步认识。

专栏 1：斯德哥尔摩环境会议助力我国环境保护事业走向"快车道"

西方工业化革命所积累的环境问题在 20 世纪 70 年代集中爆发，大气、河流污染频发，人类健康受到严重威胁，极大地动摇了人们对自然无限索取的自信，如何对待环境、对待地球成为迫切需要正视的问题。1972 年 6 月，第一次国际环保大会——联合国人类环境会议在瑞典的首都斯德哥尔摩举行，世界上 113 个国家的 1300 多名代表出席了这次会议。这是世界各国政府共同探讨当代环境问题，探讨保护全球环境战略的第一次国际会议。会议通过了《联合国人类环境会议宣言》（简称《人类环境宣言》）和《行动计划》，达成了"只有一个地球"、人类与环境是不可分割的"共同体"的共识。这是人类跨越政治偏见，采取共同行动保护环境迈出的第一步，为构建全球环境秩序奠定了基础，是人类环境保护史上的第一座里程碑。

当时美国出于外交考虑，积极邀请中国参与此次会议。在周恩来总理的促成下，时任燃料化学工业部副部长的唐克同志带领中国代表团一行前往参加会议，并在会议上做了主题发言。他阐述了中国在维护和改善人类环境问题方面的主张，得到了会议代表的高度认可。虽然《人类环境宣言》是一份没有

---

① 孙佑海. 我国 70 年环境立法：回顾、反思与展望 [J]. 中国环境管理, 2019, 11 (6)：5-10.

强制力的文件，但是我国按照第 17 条的建议，即"必须委托适当的国家机关对国家的环境资源进行规划、管理或监督，以期提高环境质量"，着手组建专门机构，而在此之前，我国没有专门的政府机构负责环境治理工作。

对我国来说，《人类环境宣言》带来的不仅是对于环境问题的全新理解，也同时让我国认识到了环境的治理方向和治理方法：在国内必须逐步加深对环境问题的认识程度，加大对环境问题的治理力度；在国际上则必须与他国展开合作，必须与发展中国家一起，为争取自身的利益做合法斗争。从这些层面上来看，《人类环境宣言》对于中国的环境治理起到了非常积极的推进作用。

资料来源：曲格平. 历史的转折点——纪念斯德哥尔摩人类环境会议十周年 [J]. 环境保护，1982（4）：3-5.

（二）环境保护制度建设阶段（1979~1991 年）

1979 年无论是对于我国经济发展还是对于我国环境治理来说，都是具有历史意义的一年，因为这一年既是改革开放的元年，也是我国环境治理有法可依的元年。面对改革开放的不断推进和全国工业化步伐的加快，环境污染快速蔓延，特别是城市污染问题越发突出，废水、废气、固体废弃垃圾等污染出现的同时，还延伸出了噪声污染、电磁污染、光污染等。王金南和曹东（2004）通过计算指出，仅 1991 年一年，我国主要污染物排放量已达到 1622万吨，严重超过了自然环境所能承载的极限值 1600 万吨，环境问题日趋严峻。

面对日益突出的环境问题，首先，我国加快了环境立法，开启了环境保护的法制化元年。1978 年，我国宪法中首次增加了环境保护的条款，"国家保护环境和自然资源，防止污染和其他公害"。1979 年，我国首部法律意义上的环境保护法——《中华人民共和国环境保护法（试行）》经第五届全国人民代表大会常务委员会第十一次会议原则通过，并以全国人民代表大会常务委员会令（五届第 2 号）公布试行，于 1979 年 9 月 13 日起正式实施，由此拉开了我国环境治理的第二个历史阶段。《中华人民共和国环境保护法（试行）》在第二条中明确指出，该法律的主要任务就是要"保证在社会主义现代化建设中，合理地利用自然环境，防治环境污染和生态破坏，为人民造成清洁适宜的生活和劳动环境，保护人民健康，促进经济发展"；同时具有先见之明地确定了广义环境保护的内涵，包括"大气、水、土地、矿藏、森林、草原、野生动物、野生植物、水生生物、名胜古迹、风景游览区、温泉、疗养区、自然保护区、生活居住区等"，为我国环境保护事业奠定了扎实的基础。

其次，我国重点加强环境管理体系和管理制度的建设，将环境保护确立为基本国策，组建了专门的环境保护部门，颁布了环境保护法律法规，制定了相对完善的环境保护制度体系。在环境保护机构的建设方面，1982 年我国组建了城乡建设环境保护部并在部内设环境保护局，1984 年成立了国务院环境保护委员会，其职责为研究审定环境保护方针、政策、提出规划要求，领导和组织协调我国的环境保护工作，环境保护局作为日常办公机构（曲格平，2007）。1988年成立了国家环境保护局，作为国务院直属机构的副部级单位负责我国环境治理工作，此后地方政府也陆续成立专门的环境保护机构。在环境治理方针方面，在 1983 年召开的第二次全国环境保护会议上，我国将环境保护作为一项基本国策。1989 年，第三次全国环境保护会议召开，提出了"经济建设、城乡建设和环境建设同步规划、同步实施、同步发展"和实现"经济效益、社会效益与环境效益的统一"的"三同时、三统一"环保目标以及"努力开拓有中国特色的环境保护道路"的意见。

最后，我国加快完善环境污染治理法规和手段。在环境治理的法规制度建设方面，以 1979 年颁布试行、1989 年正式实施的《中华人民共和国环境保护法》为代表的环境法规体系初步建立，标志着我国环境保护工作全面进入法制化阶段。截止到 1991 年底，我国制定并颁布了 12 部资源环境法律、20 多件行政法规、20 多件部门规章，累计颁布地方法规 127 件、地方规章 733 件以及大量的规范性文件，初步形成了环境保护的法规体系，为强化环境管理奠定了法律基础（张坤民，2005）。在环境保护制度方面，形成了环境保护三大政策和八项管理制度，即预防为主、防治结合，谁污染谁治理和强化环境政策，以及环境目标责任制、城市环境综合整治定量考核制、排放污染物许可证制、污染集中控制、限期治理、环境影响评价制度、"三同时"制度、排污收费制度等环境管理制度。

**专栏 2：20 世纪 90 年代环境制度建设：环境保护
三大政策和八项管理制度**

在 1983 年召开的第二次全国环境保护会议上，我国将环境保护作为一项基本国策。在 1989 年召开的第三次全国环境保护会议上，我国提出了建立环境保护三大政策和八项管理制度的要求，确立了我国环境治理的基本政策理念，也为构建我国环境治理的制度体系奠定了"四梁八柱"。

环境保护的三大政策主要指环境管理要坚持预防为主、谁污染谁治理、强化环境管理三项政策。①预防为主的指导思想是指在国家的环境管理中，通过计划、规划及各种管理手段，防止环境问题的发生。其主要措施是把环境保护纳入国家和地方的中长期及年度国民经济和社会发展计划，对开发建设项目实行环境影响评价制度和"三同时"制度。②谁污染谁治理是指对环境造成污染危害的单位或者个人有责任对其污染源和被污染的环境进行治理，并承担治理费用。其主要措施有：对超过排放标准向大气、水体等排放污染物的企事业单位征收超标排污费，用于防治污染；对严重污染的企事业单位实行限期治理；结合企业技术改造防治工业污染。③强化环境管理是指制定法规，使各行各业有所遵循，建立环境管理机构，加强监督管理。其主要措施有：逐步建立和完善环境保护法规与标准体系，健全各级政府的环境保护机构及国家和地方监测网络；实行地方各级政府环境目标责任制；对重要城市实行环境综合整治定量考核。

第三次全国环境保护会议还认真总结了实施建设项目环境影响评价、"三同时"、排污收费三项环境管理制度的成功经验，同时提出了五项新的制度和措施，形成了我国环境管理的"八项制度"：

（1）环境影响评价制度：指在进行建设活动之前，对建设项目的选址、设计和建成投产使用后，可能对周围环境产生的不良影响进行调查、预测和评定，提出防治措施，并按照法定程序进行报批的法律制度。

（2）"三同时"制度：指建设项目中的环境保护设施必须与主体工程同时设计、同时施工、同时投产使用的制度。

（3）征收排污费制度：又称排污收费制度，指国家环境管理机关依据法律规定对排污者征收一定费用的一整套管理措施。

（4）城市环境综合整治定量考核制度：对环境综合整治的成效、城市环境质量制定量化指标进行考核，评定城市各项环境建设与环境管理的总体水平。

（5）环境保护目标责任制度：以签订责任书的形式，具体规定省长、市长、县长在任期内的环境目标和任务，作为政绩考核内容之一，根据完成的情况给予奖惩。

（6）排污申报登记和排污许可证制度：排污申报登记制度指排放污染物的企、事业单位向环境保护主管部门申请登记的环境管理制度。排污许可证制度指环境排放污染物的单位或个人必须依法向有关管理机关提出申请，经审查批准发给许可证后，方可排放污染物的管理措施。

（7）限期治理制度：对现已存在的危害环境的污染源，由法定机关做出决定，令其在一定期限内治理并达到规定要求的一整套措施。

（8）污染集中控制：在一个特定的范围内，依据污染防治规划，按照废水、废气、固体废物等的不同性质、种类和所处的地理位置，分别以集中治理为主，以求用尽可能小的投入获取尽可能大的环境、经济与社会效益的一种管理手段。

资料来源：中华人民共和国生态环境部网，http://www.mee.gov.cn/zjhb/lsj/lsj_zyhy/201807/t20180713_446639.shtml.

（三）环境污染规模化治理阶段（1992~2012年）

1992年以来，我国掀起了新一轮的经济建设潮，环境污染问题也随之扩大。在这一阶段中，随着工业化的加快和范围扩大，在发达国家一两百年间逐步出现的环境问题，在我国集中显现，表现出明显的结构型、压缩型、复合型特点。值得注意的是，随着产业由东向西的转移，由此带来的污染正逐步从东部向中西部转移，由城市向农村蔓延，给人民群众的身体造成严重危害，环境问题正成为新的社会不稳定因素。

对此，我国启动了新一轮的环境污染治理工作。1996年，国务院召开第四次全国环境保护会议，发布《关于环境保护若干问题的决定》（国发〔1996〕31号），提出控制主要污染物排放总量、工业污染源达标和重点城市的环境质量按功能区达标的环境治理工作安排，全面开展"三河三湖"[①] 水污染防治、

① "三河"指淮河、海河、辽河；"三湖"指太湖、滇池、巢湖。

"两控区"[①] 大气污染防治和"一市一海"[②] 的污染防治（简称"33211"工程），并启动了退耕还林、退耕还草、保护天然林等一系列生态保护重大工程。在环境保护理念方面，随着 1992 年联合国环境与发展会议的召开，可持续发展观念纷纷被各国接纳，经党中央和国务院批准，中共中央办公厅、国务院办公厅转发了外交部、国家环保局《关于出席联合国环境与发展大会的情况及有关对策的报告》[③]，把实行可持续发展确立为国家战略，可持续发展成为我国环境治理的主要目标。在法律建设方面，1992 年以来我国加强了环境保护专项法律法规的建设，先后制定出台了《中华人民共和国清洁生产促进法》等五部法律，修改了《中华人民共和国大气污染防治法》等三部法律，为加强环境保护工作提供了有力的法律保障。

中国共产党第十六次全国代表大会以来，随着国家陆续提出科学发展观、构建和谐社会、建设资源节约型、环境友好型社会等执政理念，为我国环境治理提供了新的思路。2008 年，国家环境保护总局由副部级单位升格为正部级的国家环保部，形成了以环保部门为主的国家环境治理体系。在治理手段上，除了继续沿用命令控制性治理手段外，逐步探索环境治理的市场化手段，包括制定产业政策、投资政策、财税政策、价格政策、进出口政策等经济政策，实施排污许可证试点（水、空气污染物）以及发展循环经济、大力推进清洁生产等，通过经济结构转型提高环境保护的效益，形成了环境保护"事前—事中—事后"相结合的治理体系。同时，进一步加大环境执法的力度。2005 年 1 月 18 日，国家环境保护总局叫停了 30 个在建的违法项目，掀起了我国"环保风暴"的序幕[④]。2006 年，国家环境保护总局组建 11 个地方派出执法监督机构，"国家监察、地方监管、单位负责"的环境监察体制进入实施阶段。此后开展了多次覆盖全国的、声势浩大的整治违法排污的专项环保行动，查处并通报多个违法违规建设项目。需要重点指出的是，2004 年国家环境保护总局和国家统计局联合启动了绿色 GDP 核算的研究工作，并于 2006 年发布了我国首份也是唯一一份绿色 GDP 核算报告《中国绿色国民经济核算研究报告 2004》，用数据刻画出我国触目惊心的环境问题，在一定程度上推动了将环境质量考核纳入政府官员考核体系，扭转当前"为经济而竞争"所形成的环境问题。

---

① 两控区主要指酸雨污染控制区和二氧化硫污染控制区。
② "一市"指北京市，"一海"指渤海地区。
③ 我国环境与发展十大对策 [J]．环境保护，1992（11）：3-4.
④ 新浪新闻中心网，https：//news. sina. com. cn/c/2005-01-18/21505590777. shtml.

专栏 3：历次全国环境保护会议和环保部门机构变迁

自 1973 年第一次会议召开至今，我国已召开了八次全国环境保护会议，每一次会议都进一步明确了我国环境治理的总体纲要，确定了工作目标和任务，对于我国环境治理体系的不断完善发挥着重要的作用。历次会议情况如下：

1973 年 8 月 5～20 日，第一次全国环境保护会议在北京召开，确定了"全面规划，合理布局，综合利用，化害为利，依靠群众，大家动手，保护环境，造福人民"的 32 字环境保护工作方针，揭开了中国环境保护事业的序幕。

1983 年 12 月 31 日至 1984 年 1 月 7 日，第二次全国环境保护会议在北京召开，将环境保护确立为基本国策，制定了经济建设、城乡建设和环境建设同步规划、同步实施、同步发展，实现经济效益、社会效益、环境效益相统一的指导方针。

1989 年 4 月 28 日至 5 月 1 日，第三次全国环境保护会议在北京召开。会议提出要加强制度建设，深化环境监管，向环境污染宣战，促进经济与环境协调发展。会议通过了两份重要文件《1989～1992 年环境保护目标和任务》和《全国 2000 年环境保护规划纲要》，形成了"三大环境政策"，即环境管理要坚持预防为主、谁污染谁治理、强化环境管理三项政策和"八项制度"。

1996 年 7 月 15～17 日，第四次全国环境保护会议在北京召开，会议提出了保护环境的实质就是保护生产力，要坚持污染防治和生态保护并举，全面推进环境保护工作。

2002 年 1 月 8 日，第五次全国环境保护会议在北京召开，会议提出环境保护是政府的一项重要职能，要按照社会主义市场经济的要求，动员全社会的力量做好这项工作。

2006 年 4 月 17～18 日，第六次全国环境保护大会在北京召开，会议提出了推动经济社会全面协调可持续发展的方向，强调要加快实现"三个转变"，即从重经济增长轻环境保护转变为保护环境与经济增长并重；从环境保护滞后于经济发展转变为环境保护与经济发展同步；从主要用行政办法保护环境转变为综合运用法律、经济、技术和必要的行政办法解决环境问题。

2011 年 12 月 20～21 日，第七次全国环境保护大会在北京召开，会议强调坚持在发展中保护、在保护中发展，积极探索环境保护新道路，切实解决影响科学发展和损害群众健康的突出环境问题，全面开创环境保护工作新局面。

2018 年 5 月 18~19 日，第八次全国生态环境保护大会在北京召开。中共中央总书记、国家主席、中央军委主席习近平出席会议并发表重要讲话。习近平强调，要自觉把经济社会发展同生态文明建设统筹起来，充分发挥党的领导和我国社会主义制度能够集中力量办大事的政治优势，充分利用改革开放 40 年来积累的坚实物质基础，加大力度推进生态文明建设、解决生态环境问题，坚决打好污染防治攻坚战，推动我国生态文明建设迈上新台阶。

随着全国环境会议的召开和政府环境治理职能的不断完善，我国环境保护机构设置也在不断完善：

1971 年，国家计委环境保护办公室设立，我国首次国家机构中第一次出现"环境保护"四个字。

1974 年，经国务院批准成立国务院环境保护领导小组，成员由 20 多位有关部委领导组成，主管和协调全国的环境工作，这是我国第一个专职意义上的环境保护管理部门。

1982 年，国务院环境保护领导小组被撤销，城乡建设环境保护部组建，内设环境保护局。

1984 年，城乡建设环境保护部环境保护局改为国家环境保护局。

1988 年，国家环境保护局独立，升级为副部级的国家环境保护局。

1998 年，国家环境保护局升格为正部级的国家环境保护总局。

2008 年，随着国家机构改革，国家环境保护总局升格为环境保护部，作为国务院直属机构。

2018 年，根据新一轮机构改革要求，整合相关部门职能，正式组建生态环境部，我国的环境保护工作再次进入崭新的时期。

资料来源：中华人民共和国生态环境部网，http://www.mee.gov.cn/home/ztbd/gzhy/hbdh/diqici-hbdh/ljhbdh/index.shtml。

（四）以生态文明为目标的生态环境治理阶段（2013 年至今）

继党的十七大报告中正式提出建设生态文明的执政理念，党的十八大将生态文明建设与经济建设、政治建设、文化建设、社会建设并重，共同组成中国特色社会主义事业"五位一体"的总体布局，并提出了坚持节约优先、保护优先、自然恢复为主的方针。党的十八届五中全会进一步将"绿色"与"创新、协调、开放、共享"并重，构成我国五大发展理念，我国的环境治理理念也由以往的污染治理和生态保护转变到以人与自然、人与人、当代与后代之间和谐发展的生态文明建设中，由此开启了我国环境治理"最严厉的阶段"。

从环保体制建设方面看，这一阶段迎来了我国环境治理体制机制的又一次重塑。根据党的十九大和十九届三中全会部署，为加快整合分散的生态环境保护职责，我国于2018年启动新一轮环保机构改革，按照《政府机构改革方案》，本次改革将环境保护部的职责，国家发展和改革委员会的应对气候变化和减排职责，国土资源部的监督防止地下水污染职责，水利部的编制水功能区划、排污口设置管理、流域水环境保护职责，农业部的监督指导农业面源污染治理职责，国家海洋局的海洋环境保护职责，国务院南水北调工程建设委员会办公室的南水北调工程项目区环境保护职责整合，组建生态环境部，作为国务院组成部门。2018年4月16日，中华人民共和国生态环境部正式挂牌。

从环保制度完善方面看，我国密集出台了一系列相关制度。在2015年1月1日起实施的《中华人民共和国环境保护法（修订版）》中，首次划定生态保护红线；加大违法排污处罚力度，按日计罚无上限，并视情节严重程度追究企业法人和排污直接人的刑事责任，改变以往环境违法成本低的问题；同时明确公众的环境权，提高公众参与度以监督政府和污染企业，形成"国家—社会"共治的局面。2015年8月，中共中央办公厅、国务院办公厅印发《党政领导干部生态环境损害责任追究办法（试行）》，首次对追究党政领导干部生态环境损害责任做出制度性安排。2015年9月，中共中央、国务院印发了《生态文明体制改革总体方案》，从建立自然资源资产产权制度、国土空间开发保护制度、空间规划体系、资源总量管理和全面节约制度、资源有偿使用和生态补偿制度、环境治理体系、环境治理和生态保护市场体系、生态文明绩效评价考核和责任追究制度八个方面建立激励约束并重的生态文明制度体系，并提出"力求用最严厉的制度保护环境"。此后，顶层设计进一步加码，2018年6月，中共中央和国务院联合发布《关于全面加强生态环境保护　坚决打好污染防治攻坚战的意见》，指出当前我国"经济社会发展同生态环境保护的矛盾仍然突出，资源环境承载能力已经达到或接近上限"；"新老环境问题交织，区域性、布局性、结构性环境风险凸显"，将环境问题上升到风险治理角度，要求各级政府部门守住环境质量底线，推动环境质量总体改善，实现生态环境保护水平同全面建成小康社会目标相适应。这一文件，将新时期的环境治理推向了新的阶段，一场轰轰烈烈的"环境风险攻坚战"就此拉开。

从监管手段看，除了传统的监督检查外，这一阶段增加了环境问题督察这一重要手段。2019年6月，中共中央办公厅、国务院办公厅印发的《中央生态环境保护督察工作规定》指出，"中央实行生态环境保护督察制度，设立专职督察机构，对省、自治区、直辖市党委和政府、国务院有关部门以及有关中央企业等组织开展生态环境保护督察"。"原则上，每届党的中央委员会任期内，应当对各省、自治区、直辖市党委和政府，国务院有关部门以及有关中央企业开展例行督察，并根据需要对督察整改情况实施'回头看'；针对突出生态环境问题，视情组织开展专项督察"。中央层面开展环境保护专项督察工作，建立起环境保护的高压线，有助于压实各级政府环境保护职权，及时发现和查找环保工作中的短板、弱项，对于推动建设生态文明和新发展理念具有重要的意义。

从环境保护的关键性指标来看，除了PM2.5等重点监测指标外，我国积极践行大国的社会职责，用实际行动践行国际环境协定——《巴黎协定》，并在"十四五"的开局之年，将"碳达峰""碳中和"作为我国环境治理的重要目标，写入国家"十四五"规划，向世界发出庄严承诺：中国将力争于2030年前实现二氧化碳排放达到峰值，努力争取2060年前实现碳中和。

专栏4：党的十八大以来我国生态文明的新观念和新方针

党的十八大把生态文明建设纳入中国特色社会主义事业"五位一体"总体布局，明确提出大力推进生态文明建设的具体要求。党的十九大报告进一步指出，必须树立和践行绿水青山就是金山银山的理念，坚持节约资源和保护环境的基本国策。以此为统领，我国新时期生态文明建设的观念和内涵日趋完善。

一个目标：建设美丽中国。到2035年节约资源和保护环境的空间格局、产业结构、生产方式、生活方式总体形成，生态环境质量实现根本好转，生态环境领域国家治理体系和治理能力现代化基本实现，美丽中国目标基本实现。

两项制度：党的十八大以来，通过全面深化改革，加快推进生态文明顶

层设计和制度体系建设，相继出台《关于加快推进生态文明建设的意见》《生态文明体制改革总体方案》。

三个重大问题：我们党深刻回答了为什么建设生态文明、建设什么样的生态文明、怎样建设生态文明的重大理论和实践问题，提出了一系列新理念新思想新战略。

四点重要认识：生态文明建设是关系中华民族永续发展的根本大计；生态兴则文明兴，生态衰则文明衰；坚决打好污染防治攻坚战；加强党对生态文明建设的领导。

五大体系：必须加快建立健全以生态价值观念为准则的生态文化体系，以产业生态化和生态产业化为主体的生态经济体系，以改善生态环境质量为核心的目标责任体系，以治理体系和治理能力现代化为保障的生态文明制度体系，以生态系统良性循环和环境风险有效防控为重点的生态安全体系。

六项原则：新时代推进生态文明建设，必须坚持好以下原则：坚持人与自然和谐共生；绿水青山就是金山银山；良好生态环境是最普惠的民生福祉；山水林田湖草是生命共同体；用最严格制度最严密法治保护生态环境；共谋全球生态文明建设。

资料来源：求是网，http://www.qstheory.cn/zhuanqu/bkjx/2019-04/19/c_1124387584.htm.

从上述我国环境治理的历史进程可以看出：第一，在环境污染不断扩大的压力倒逼下，我国环境治理体系不断完善和治理力度不断加大，在一定程度上缓解了我国的环境问题，如污染物排放量、单位 GDP 能耗等主要指标均出现下降的趋势。第二，由于环境治理中历史"欠账"较多、经济结构转变需要一定的时间，尽管环境治理的体制、制度不断完善，执行力度也在加大，但环境问题依然严峻。第三，环境污染问题的风险化特点不断加强，由单一的环境问题逐步转化衍生出新的健康风险、社会稳定风险、经济发展风险，迫切需要改变"头痛医头、脚痛医脚"的末端治理和被动治理，建立环境风险防治理念。

二、我国生态环境保护的财政和税收政策演变[①]

作为典型的公共物品，在环境问题中市场具有天然失灵的特点，因此需要由政府主导来进行环境治理，前文我国环境污染治理的过程也很好地说明了这一特点。在政府治理环境的各种经济手段中，财政和税收扮演着重要的角色，是有效应对环境问题、化解环境风险的重要力量。随着我国环境治理体系的不断完善，环境财政体系也逐步建立和完善。在财政政策方面，逐步形成了包括环境支出、环境污染治理投资、环境性因素的财政转移支付、财政补贴、政府"绿色"采购制度等在内的环境支出体系。在税收政策方面，随着 2018 年我国环保"费改税"改革的推进，逐步建立起包含环保税、消费税、土地使用税、车船使用税等一系列相关税种在内的"绿色税体系"，在发挥税收组织财政收入功能的同时，强化了税收对于环境污染行为的调节作用。

（一）建立环境保护税费政策的雏形（20 世纪 80 年代）

在经历了 20 世纪 70 年代环境保护意识的启蒙，从 20 世纪 80 年代开始，我国环境保护的法律法规不断建立健全，进一步推动建立了环境保护相关的财税手段。

在收入方面主要开征了三项税收、收费项目：

一是开征排污费。按照 1979 年颁布的《中华人民共和国环境保护法（试行）》第十八条规定："超过国家规定的标准排放污染物，要按照排放污染物的数量和浓度，根据规定收取排污费"，1982 年我国颁布实施《征收排污费暂行办法》，详细规定了收费对象，收费程序，收费标准，停收、减收和加倍收费的条件，排污费的列支，收费的管理和使用等内容。

二是开征资源税。为规范资源开采，调节收益级差，1984 年我国颁布实施《中华人民共和国资源税条例（草案）》，针对原油、天然气、煤炭、金属矿产品等征收资源税，迈出了利用财税手段来调节资源开发与利用的第一步。

三是开征城市维护建设税。1985 年我国正式开征城市维护建设税，所征税款主要用于城市环境卫生、园林绿化等公共基础设施的建设与维护。

---

① 徐顺青，程亮，陈鹏，等. 我国生态环境财税政策历史变迁及优化建议 [J]. 中国环境管理，2020，12（3）：32-39.

在支出方面，探索设立专项资金来进行环境污染防治工作。1988 年，国务院发布《污染源治理专项基金有偿使用暂行办法》（中华人民共和国国务院令第 10 号），从重点排污单位污染源治理补助资金中提取 20%～30% 比例的资金用来设立污染源治理专项基金，用于重点污染源治理项目，"三废"综合利用项目，污染源治理示范工程以及实行并、转、迁的污染源治理设施等四类工程项目。

（二）进一步完善环保财税政策体系（20 世纪 90 年代至 2007 年）

20 世纪 90 年代以来，随着我国环境保护体制机制和制度体系的不断完善，我国陆续修订和出台了一系列环境财税政策，进一步完善了收入和支出体系。

一是调整与统一排污费征收标准。为使污水与噪声排污费征收标准与法规、标准配套，从而加强环境管理，原国家环保局、原国家物价局、财政部于 1991 年联合发布《关于调整超标污水和统一超标噪声排污费征收标准的通知》，调整超标污水排污费和统一噪声排污费征收标准。与此同时，在排污费征收过程中，一些排污企业排放污水的浓度虽低于国家标准，但其污染排放总量以及对环境的损害程度甚至超过了那些超标排污企业。为解决这一现实问题，原国家计委、财政部于 1993 年发布《关于征收污水排污费的通知》，对未超标的污水排放企业征收排污费，首次体现总量控制的政策导向。另外，受到工业企业排放二氧化硫影响，酸雨污染也日趋严重，对农业、林业及建筑物产生严重危害。为加强对二氧化硫排放的治理，同时筹集污染治理资金，1992 年我国在一些酸雨污染严重并且具有一定经济承受力的地区进行试点，对工业燃煤二氧化硫排污行为实行征收排污费。1998 年发布的《关于在酸雨控制区和二氧化硫污染控制区开展征收二氧化硫排污费扩大试点的通知》（环发〔1998〕6 号），扩大了二氧化硫排污费的征收范围，由原先的"两省九市"扩大到"两控区"。同年 5 月，财政部、原国家计委与原国家环保总局联合发布《关于在杭州等三城市实行总量排污收费试点的通知》（环发〔1998〕73 号），将杭州市、郑州市、吉林市纳入排污总量收费的试点范围。

二是完善税收政策调节资源与环境消费。1994 年我国开始实施分税制改革，此次改革主动运用税收政策调节资源与环境消费，标志着环境财税政策体系开始形成。一方面，为进一步发挥资源税调节级差收入的作用，1993 年 12 月 25 日我国颁布《中华人民共和国资源税暂行条例》，将盐税合并到资源税中，扩大资源税征收范围。与 1984 年第一代资源税不同的是，新一代资源税征税基数为矿产品销售量，对不同课税矿区实行差别税率，有效调节因资源禀赋条件差距形成的级差收入。经过改革，资源税被划分为地方税，增加了地方财政收入，但当时地方财政收入主要运用于地方政府的运转和公共服务的供给，并未过多考虑生态环境保护与修复。另一方面，增加消费税新税种，调节消费结构、引导消费方向，从而增加财政收入。其体现在资源环境保护方面的作用在于将消费环节易形成环境污染和资源浪费的产品纳入征收范围，主要包括烟、汽油、柴油、汽车轮胎、小汽车、摩托车等，但资源性消费品仅包括柴油和汽油，征收范围相对较窄且税率较低。

三是制定减免税政策促进资源综合利用。1995 年以来，我国工业固体废弃物排放量逐渐增多，污染处于较高水平，但综合利用水平还处在较低水平。1995 年财政部、国家税务总局颁发《关于对部分资源综合利用产品免征增值税的通知》（财税字〔1995〕44 号），规定对企业生产的原料中掺有不少于30% 的煤矸石、石煤、粉煤灰、烧煤锅炉的炉底渣的建材产品和利用废液（渣）生产的黄金、白银，在 1995 年底以前免征增值税。1996 年出台《关于进一步开展资源综合利用意见》（国发〔1996〕36 号）和《资源综合利用目录》，继续推进资源综合利用工作，以适应经济增长方式的转变和实施可持续发展战略。

（三）与生态文明建设相适应的环境财税政策体系（2007 年至今）

2007 年以来，随着财政预算、政府采购等财税管理领域的改革深入推进，环境支出、环境税制等逐步向规范性制度建设发展，具体表现在以下几个方面。

一是在预算中设立"211 环境保护"科目。虽然环境支出进入预算支出的时间较早，但未形成系统的支出科目。2006 年之前，在预算安排中环境保护的资金较为分散，其中在"城市维护建设支出"科目下设一个"环境保护和水资源"分支科目，而且这部分支出都是由地方政府承担。2007 年，在政府收支分类科目改革中，增设了"211 环境保护科目"（后更名为"节能环保预算科目"），涵盖了环境保护管理事务、污染防治、自然生态保护、退耕还林、风沙荒漠治理、退牧还草、能源节约利用、污染减排、可再生能源、资源综合利用、能源管理事务等具体项目。这不仅为政府环保投入提供了重要保障，还有利于将散落在不同科目的环境支出资金统一纳入预算，提高了财政资金安排的系统性。

二是设立环保中央专项资金。中央财政加大了对环保事业的资金投入。

2007 年设立主要污染物减排专项资金，同年 12 月设立重点流域水污染治理专项资金；2008 年设立农村环境综合整治专项资金，通过"以奖代补、以奖促治"对农村污水垃圾处理等环境保护项目予以支持；2009 年设立重金属污染防治专项资金，重点支持污染源综合整治、重金属历史遗留问题的解决、污染修复示范和重金属监管能力建设四类项目；2013 年设立大气污染防治专项资金，通过"以奖代补"方式支持重点领域防治大气污染，同年设立江河湖泊生态环境保护专项资金，重点支持江河湖泊生态安全调查与评估、饮用水水源地保护等江河湖泊综合治理项目；2015 年整合"三河三湖"及松花江流域专项、湖泊生态环境保护专项、江河湖泊治理与保护专项设立水污染防治专项资金，重点支持重点流域水污染防治、水质较好江河湖泊生态环境保护等项目；2016 年重金属污染防治专项调整为"土壤污染防治专项"；2017 年设立重点生态保护修复专项资金，支持山水林田湖草保护修复试点项目。截至 2019 年，基本形成了包括大气、水、土壤、农村等要素的环境保护专项资金的局面。

同时，实施重点生态功能区转移支付。中央财政自 2008 年起在均衡性转移支付项下增设国家重点生态功能区转移支付，对生态功能区所在县级政府给予生态资金补偿，将天然林保护、三江源和南水北调等重大生态功能区纳入转移支付范围，对支撑重点生态功能区县市生态环境保护提供了重要保障。

三是建立健全生态保护补偿机制。2007 年，原国家环境保护总局颁布的《关于开展生态补偿试点工作的指导意见》，提出建立自然保护区、重要生态功能区、矿产资源开发和流域水环境保护等重点领域生态补偿试点。此后经过多方面探索尝试，2016 年 4 月，国务院办公厅出台《关于健全生态保护补偿机制的意见》（国办发〔2016〕31 号），提出应尽可能地探索构建多元化的生态保护补偿机制，并扩大补偿涉及的范畴，科学合理地逐步提高补偿标准，并提出相应的目标。2018 年 12 月，国家发展改革委、财政部等 9 部门发布的关于印发《建立市场化、多元化生态保护补偿机制行动计划》的通知（发改西部〔2018〕1960 号）进一步提出，到 2020 年，市场化、多元化生态保护补偿机制初步建立。国家政策文件发布的同时，各地生态补偿试点实践工作也在同步开展，如河北天津引滦入津、云贵川赤水河，以及河北北京密云水库及上游等 7 个流域已经建立跨省（自治区、直辖市）流域生态补偿试点。

四是建立政府绿色采购制度。2006 年财政、原国家环境保护总局联合发布《关于环境标志产品政府采购实施的意见》（财库〔2006〕90 号）和第一批

《环境标志产品政府采购清单》，明确规定政府绿色采购的范围、工作程序和具体管理方式，正式建立和启动政府绿色采购制度。2007年，国务院办公厅印发《关于建立政府强制采购节能产品制度的通知》（国办发〔2007〕51号），在积极推进政府机构优先采购节能（包括节水）产品的基础上，选择部分节能效果显著、性能比较成熟的产品，予以强制采购。截至2018年12月，环境标志产品政府采购清单调整公布了22期，通过政府采购，鼓励节能产品和环境标志产品的推广使用。

五是深入推进资源税费、环境税改革。2011年出台《中华人民共和国资源税暂行条例实施细则》，明确了从价计征方式，标志着以从量计征改为从价计征为重点的改革向全国展开。2016年5月，财政部、国家税务总局联合发布《关于资源税改革具体政策问题的通知》，进一步明确资源税计税依据、适用税率、优惠政策及管理等政策。2019年8月，《中华人民共和国资源税法》颁布，以法律的形式正式明确资源税的税目、税率、计征方式、免征情形，自2020年9月1日起实施。在环境税建设方面，2016年我国颁布实施《中华人民共和国环境保护税法》，通过清费立税来保护和改善环境，减少污染物排放，推进生态文明建设。按照税法规定，环境税的应税污染物主要包括大气污染物、水污染物、固体废物和噪声，应缴税额按照污染物排放量与税率的乘积来确定。资源税和环境税的相继完善，对完善绿色税收体系、发挥税收调节功能起到了关键的作用。

六是推进生态环境改造工程PPP模式。按照国家推进政府与社会资本合作（PPP）的部署和要求，环境领域投融资市场化工作加快进度。2015年，财政部、原环境保护部印发《关于推进水污染防治领域政府和社会资本合作的实施意见》（财建〔2015〕90号）；2016年10月，住房和城乡建设部、国家发展改革委、财政部等五部门联合印发《关于进一步鼓励和引导民间资本进入城市供水、燃气、供热、污水和垃圾处理行业的意见》（建城〔2016〕208号），从民间资本进入渠道到相关金融、土地、价费、税收等方面提出了多项扶持政策。2017年，财政部、住房和城乡建设部、原农业部和原环境保护部联合印发《关于政府参与的污水、垃圾处理项目全面实施PPP模式的通知》（财建〔2017〕455号），要求对政府参与的新建污水、垃圾处理项目全面实施PPP模式。

三、我国环境治理的财政投入情况分析①

（一）环境支出情况

2007～2020 年，我国的环境支出主要呈现以下几个特点：

一是支出规模不断扩大。全国环境支出从 2007 年的 995.83 亿元增加到 2020 年 6317.04 亿元，年均增长幅度达到 16.2%。其中，2008 年环境支出较上一年出现较大幅度的增长，原因是北京奥运会的举办中央部分预算支出的大幅增长导致的。从全国财政支出的"大盘子"看，环境支出规模不大，保持在 2%～3%（见表 4-1）。这既说明我国环境支出的投入力度还需要继续加大，同时也对如何有效提高环境支出的环保效应提出了更高的要求，如何用好现有资金强化环境风险防范，是当前面临的重点问题。

表 4-1　2007～2020 年我国中央和地方环境支出情况　单位：亿元,%

年份	中央环境支出	地方环境支出	合计	环境支出占全国财政支出的比重
2007	34.59	961.23	995.82	2.0
2008	66.21	1385.15	**1451.36**	2.3
2009	37.91	1896.13	1934.04	2.5
2010	69.48	2372.50	2441.98	2.7
2011	74.19	2566.79	2640.98	2.4
2012	63.65	2899.81	2963.46	2.4
2013	100.26	3334.89	3435.15	2.4
2014	344.74	3470.90	3815.64	2.5
2015	400.41	4402.48	4802.89	2.7
2016	295.49	4439.33	4734.82	2.5
2017	350.56	5266.77	5617.33	2.8
2018	427.56	5870.05	6297.61	2.9
2019	421.19	6969.01	7390.20	3.1
2020	344.26	5989.14	6333.40	2.6

资料来源：《中国财政年鉴》。

---

① 本书的研究重点在于环境支出，为此税收的有关情况暂不展开叙述。

二是地方承担了大量的环境支出任务。2007~2020 年，地方环境支出占当年全国环境支出的平均比重超过了 95%，说明地方政府是当前我国环境治理的主力，在环境治理中扮演着重要的角色（见图 4-2）。鉴于环境问题的重要性和工作量大幅提高，地方环境支出的规模也从 2007 年的 961.24 亿元增长到 2020 年的 5989.14 亿元，增幅显著，但年均增速有所下降。

图 4-2　地方环境支出及其占全国环境支出的比重

资料来源：《中国财政年鉴》。

三是支出以污染防治为主，生态保护并行。以 2019 年为例，在全国环境支出中，污染防治支出占到了 38.4%，是环境支出中规模最大的部分，说明我国政府运用财政手段来治理环境时，关注的重点依然是对污染问题的防治。近年来，全国层面加大了生态修复的力度，自然生态保护（10.9%）、天然林保护（4.3%）、退耕还林还草（2.7%）、退牧还草（0.1%）支出合计占比达到 18%（见图 4-3）。值得注意的是，作为直接监测环境质量和执行环境政策的手段之一，环境监测与监察支出在整个环境支出中的比重相对偏低，仅为 1.4%，不利于全面掌握环境问题和监察环境政策执行效果。

（二）中央对地方环境保护方面的转移支付

为了引导地方加强环境治理与保护，中央通过转移支付形式为地方环境治理提供资金支持。主要有两种形式：①中央对重点生态功能区的转移支付；②中央对地方环境治理重点项目的专项转移支付。

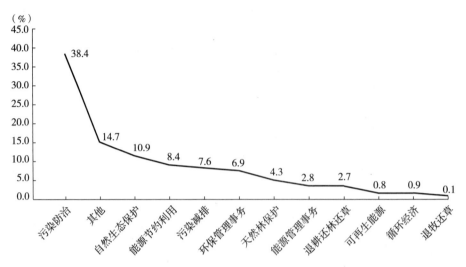

图 4-3　2019 年全国环境支出中主要支出项目占比

资料来源:《中国财政年鉴》。

一是中央对重点生态功能区的转移支付。就重点生态功能区转移支付而言，为了引导地方政府加大生态环境保护力度，中央财政自 2008 年起在均衡性转移支付项下设立国家重点生态功能区转移支付，对青海三江源自然保护区、南水北调中线水源地保护区、海南国际旅游岛中部山区生态保护核心区等国家重点生态功能区，《全国主体功能区规划》中限制开发区域（重点生态功能区）和禁止开发区域以及生态环境保护较好的省区进行补贴。2010~2020 年，中央累计下拨重点生态功能区转移支付 5608.8 亿元，其中 2020 年资金规模达到 794.5 亿元，覆盖了全国 500 多个重点生态功能县（见图 4-4）。

为了强化资金使用绩效，国家生态功能区转移支付中制定了绩效考评机制，对生态环境保护较好和重点民生领域保障力度较大的地区给予适当奖励，而对于因非不可抗拒因素而导致生态环境状况恶化以及公共服务水平相对下降的地区予以适当处罚。2019 年财政部出台的《中央对地方重点生态功能区转移支付办法》（财预〔2019〕94 号）明确要"建立健全生态环境保护综合评价和奖惩机制"，将绩效考核奖惩情况作为测算转移支付资金的主要因素之一，具体公式为：转移支付应补助额=重点补助+禁止开发补助+引导性补助+生态护林员补助±绩效考核奖惩资金。奖惩办法主要包括（见表 4-2）：

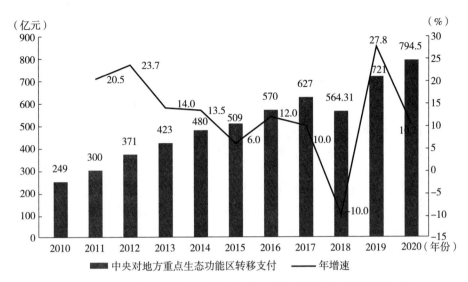

图 4-4 2010~2020 年中央财政重点生态功能区转移支付及增长情况

资料来源：笔者根据中央对地方重点生态功能区转移支付情况表（2010~2020）整理。

表 4-2 中央对地方重点生态功能区转移支付的奖惩办法

类型	规定
绩效考核奖惩资金对象	重点生态县域
奖励情况	根据考核评价情况，对考核评价结果优秀的地区给予奖励
惩罚情况	对生态环境质量变差、发生重大环境污染事件、实行产业准入负面清单不力和生态扶贫工作成效不佳的地区，根据实际情况对转移支付资金予以扣减

资料来源：《中央对地方重点生态功能区转移支付办法》。

从 2020 年的重点功能区转移支付构成可看出，1.5% 的资金用于奖励和扣减。其余资金中，77.4% 的转移支付资金用于重点补助，包括三区三州补助、其他深度贫困地区补助、长江经济带补助、藏区生态补偿、支持南水北调中线水源地生态保护补偿等，禁止开发和引导性补助占比分别达到 8.0% 和 13.2%（见图 4-5）。此外，从地区来看，当前重点生态功能区转移支付主要以西北地区为主，获得中央重点生态功能区转移支付资金规模前五位的分别有甘肃、云南、贵州、四川和湖南，当年获得的转移支付资金规模在 45 亿~67 亿元。

二是中央对地方环境治理重点项目的专项转移支付。为支持地方环境治理

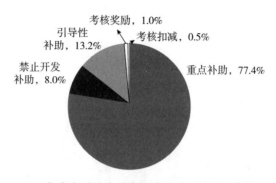

图 4-5 2020 年中央对地方重点生态功能区转移支付的主要构成

资料来源：财政部. 2020 年中央对地方重点生态功能区转移支付分配情况表［EB/OL］. 中华人民共和国财政部官网，2020-06-19. http：//yss.mof.gov.cn/ybxzyzf/zdstgnqzyzf/202007/t20200722_3554593.htm.

重点项目建设，中央财政以专项转移支付向地方提供环境治理资金支持，主要包括：清洁能源发展专项资金、大气污染防治资金、水污染防治资金、节能减排补助资金、土壤污染防治专项资金、天然林保护工程补助经费、退耕还林工程财政专项资金、江河湖库水洗综合资金、农业资源及生态保护补助资金、林业补助资金、农村环境整治资金、重点生态保护修复治理资金、海洋生态保护修复资金等多个专项。具体支持项目根据地方环境治理重点的不同略有调整。根据王金南等（2021）统计，"十三五"期间，中央财政累计安排大气污染防治资金 974 亿元，其中 2020 年 250 亿元，比 2016 年的 112 亿元增长了 51.6%；累计安排水污染防治资金 783 亿元，其中 2020 年 317 亿元，比 2016 年的 131 亿元增长了 58.7%（见图 4-6）。

在资金使用的方式上，在最初的以直接拨款、贷款贴息的基础上增加了以奖代补的方式，并且逐步侧重于贷款贴息和以奖代补两种方式，以提高资金的使用效率。由于目前环境保护转移支付多以专项转移支付的形式存在，陈鹏等（2015）指出在国家转移支付制度的改革的影响下（减少专项转移支付），将波及近一半的中央政府环境保护专项转移支付。

（三）环境治理投资

除了环境支出外，环境治理投资也是当前我国环境治理中的重要资金来源。根据现有统计口径，环境污染治理投资指在污染源治理和城市环境基础设施建设的资金投入中用于形成固定资产的资金，是城市环境基础设施投资、工业污

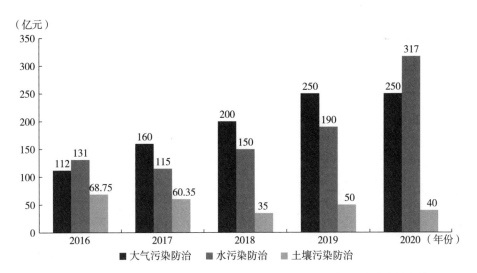

图 4-6　2016～2020 年中央专项转移支付中大气、水、土壤污染防治的规模

资料来源：王金南，程亮，陈鹏．国家"十三五"生态文明建设财政政策实施成效分析［J］. 环境保护，2021，49（5）：40-43.

染源治理投资与"三同时"项目环保投资之和。根据国际经验，当环境治理投资占 GDP 的比重达到 1%～1.5% 时，可以控制环境恶化的趋势；当达到 2%～3% 时，环境质量可有所改善。就我国而言，从 2007～2017 年的平均情况来看，我国环境污染治理投资占 GDP 的比重保持在 1.1%～1.9%，在一定程度上对缓解环境污染问题发挥着重要的作用，但环境治理资金的缺口依然较大（见图 4-7）。

值得注意的是，吴舜泽等（2007）、刘磊和张敏（2011）通过国内外环境治理投资的结构比较，指出当前我国环境治理投资存在统计口径混乱、失真等问题。以 2019 年为例，直接用于污染治理的工业污染投资规模仅为 615 亿元，其余 6017 亿元资金主要用于包括城市集中供暖、燃气建设等在内的城市环境基础设施投资，而这部分资金并未直接用于污染治理。这说明，在研究中应当谨慎选择指标，以真实反映环境污染防治方面的资金投入情况。

除了上述环境支出外，我国还通过财政补贴、国债资金以及政府绿色采购等为环境治理提供资金来源。在财政补贴方面，对开展资源综合利用与治污的企业进行补贴，如利润不上缴、减免税收或税收先征后返等。在国债资金使用方面，主要使用国债资金支持一些重点的生态建设项目和污染治理项目，如三

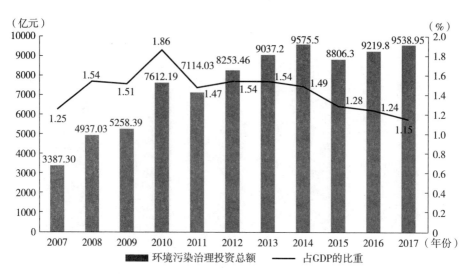

图 4-7　2007~2017 年我国环境污染治理投资总额及占 GDP 的比重情况

资料来源：《中国统计年鉴》。

峡库区及其上游地区水污染治理、污水、垃圾产业化及中水回用工程等。绿色采购方面，2004 年财政部与国家发展改革委联合发布《节能产品政府采购实施意见》，自 2005 年 1 月 1 日起实施，成为我国第一个"政府绿色采购"的正式规定，以政府采购来支持节能环保。根据财政部公布的数据，2019 年，全国政府采购规模达到 33067 亿元，占全国财政支出和 GDP 的比重分别为 10.0% 和 3.3%，其中，通过强制、优先方式采购的节能、节水类产品 633.7 亿元，占同类产品采购规模的 90%，优先采购环保产品 718.7 亿元，占同类产品采购规模的 88%，发挥了较好的引领作用①。

第二节　我国政府环境治理的总体效果评估

随着政府环境治理体系的不断完善和投入的不断加大，我国的环境问题得到了一定程度的缓解，环境与经济、社会发展的良性互动机制正在建立。但总体来看，环境问题依旧突出，风险化趋势仍在加剧。

---

① 资料来源：中国政府采购网，http：//www.ccgp.gov.cn/news/202008/t20200827_14908130.htm.

一、政府环境治理的成效较为显著

（一）节能减排成效显著

在政府强有力的治理下，我国节能减排的成效显著，主要污染物的排放总量均出现不同程度的缩减，每万元 GDP 的能耗也有所下降，实现了污染的"源头"控制。根据《中国统计年鉴》的数据，从单位 GDP 能耗来看，各省份单位 GDP 能耗均出现不同程度的下降，其中 2017 年山东省 GDP 能耗下降 6.9%，比 2015 年增加约 3 个百分点。相比之下，吉林、湖北等主要工业省份单位 GDP 能耗下降幅度有所回落（见图 4-8）。此外，从人均能源消费水平来看，人均煤炭消费量在逐步下降，由 2011 年的 69 千克下降至 2019 年的 55 千克，相反人均液化石油、人均天然气生活消费量分别由 12 千克、19.7 立方米提高至 2019 年的 22.6 千克、33.6 立方米，能源利用结构逐步优化。

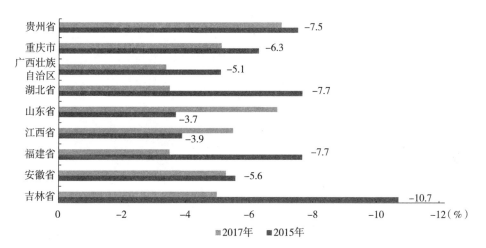

图 4-8　吉林等地 2015 年、2017 年单位 GDP 能耗下降程度

资料来源：笔者根据《中国统计年鉴》数据自行计算。

以空气中的主要污染物二氧化硫、氮氧化物、烟尘等为例，近 10 年来各类污染物排放量总体呈现下降趋势，其中造成酸雨问题的二氧化硫废气排放量，由 2011 年的 2217.91 万吨下降至 2019 年的 457.3 万吨，下降了近 4 倍（见图 4-9）。

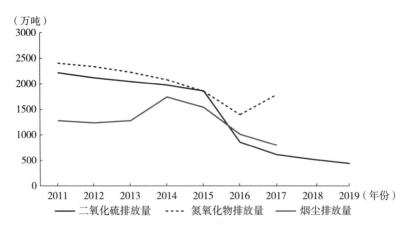

图4-9　2011~2019年二氧化硫、氮氧化物和烟尘三种主要污染物排放量

资料来源：《中国统计年鉴》。

(二) 污染治理能力显著提高

随着污染治理技术和治理设备的不断完善，环境污染治理的能力也不断提高，有效地加强了"末端"治理。以城市生活垃圾无害处理为例，2011~2019年，每日处理能力由40.91万吨提高至86.99万吨，提升约1.13倍，无害化处理率达到了99.2%（见图4-10）。

图4-10　2011~2019年城市污水、固体废物和城市垃圾处理能力情况

资料来源：《中国统计年鉴》。

（三）生态保护取得一定的效果

在加强污染治理的同时，我国进一步强化了对生态环境资源的保护工作，通过人工造林、退牧还草等措施，进一步改善了生态环境水平。如每年都保持一定规模的人工造林面积和封山育林面积，以推动森林资源的修复和再造。每年新增草地面积保持在 600 万公顷，对于提高生态自我修复能力，促进生态保护发挥着积极作用（见图 4-11）。

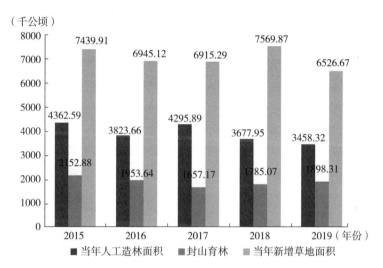

图 4-11　2015～2019 年我国主要生态保护指标变化情况

资料来源：《中国统计年鉴》。

二、环境问题依然不容忽视

尽管在政府治理下，我国环境问题得到了一定程度的缓解，但总体来看，由于生态环境污染与退化的速度快于人工治理的修复速度，环境问题依然不容忽视。

（一）以煤炭为主的能源结构带来的环境问题不容忽视

统计数据显示，我国能源消费结构中煤炭的占比从 2011 年的 70.2% 下降至 2020 年的 56.8%（见图 4-12），尽管有了较大幅度的下降，但占比仍在半数以上，说明以煤炭为主的能源消费结构仍有待进一步优化。国涓（2008）、刘志雄（2015）通过研究指出，煤炭消费规模和比重依然相对较高，是导致污染物排放量居高不下的主要原因，同时也是我国当前大范围地区空气污染问题高发的主要原因。此外，李晓壮（2010）指出随着社会向后工业社会转变，工业型环境污染和消费型环境污染叠加，进一步加剧了环境污染的速度和程度。

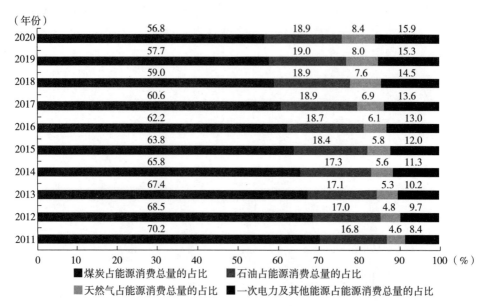

（年份）

图4-12 2011~2020年煤炭、石油等能源消耗在能源消费总量的占比情况

资料来源：《中国统计年鉴》。

（二）重要资源紧缺问题越发突出

在自然资源的存量方面，我国的石油储量仅占世界总量的1.8%，天然气占0.7%、铁矿石约占9%，铜矿低于5%，铝土矿不足2%，就人均资源量而言，我国人均45种主要矿产资源仅为世界平均水平的50%，人均石油占有量仅为10%（束洪福，2008）。另据国家发展改革委资料①，2012年我国经济总量占世界的比重为11.6%，但消耗了全世界21.3%的能源、54%的水泥、45%的钢，高能耗的工业发展进一步加剧了资源枯竭的趋势。以煤炭储量为例，随着煤炭资源的不断开采利用，2014年我国人均煤炭储量为175.45吨，与2004年相比下降了32.4%（见图4-13）。此外，根据国际惯例将累计已开采的矿产资源量

---

① 资料来源：中国人大网，http://npc.people.com.cn/n/2014/0424/c14576-24937335.html。

达可采储量 70% 以上的城市列为资源枯竭型城市，按此标准我国已有 118 个城市面临资源枯竭，占全国城市总数的 18%，涉及人口达 1.54 亿人。

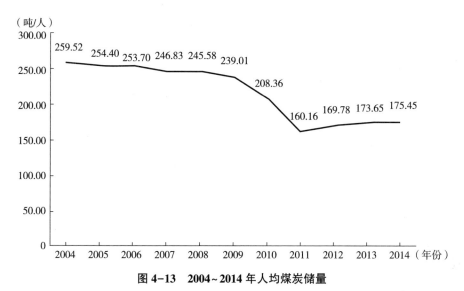

图 4-13　2004~2014 年人均煤炭储量

资料来源：《中国统计年鉴》。

（三）生态系统退化的趋势还在继续

当前我国生态退化问题依然突出，主要表现在土地荒漠化、生物多样性下降等方面。此外，我国国土面积虽然位居世界第二，但高寒、干旱、荒漠等生态脆弱、敏感地区广泛存在，使原本就脆弱的生态系统面临巨大压力。刘军会等（2015）通过生态敏感性综合评价，划定了我国生态敏感区（含高度敏感和极敏感两类）和生态环境脆弱区[1]，其中前者的范围占到陆域国土面积的 28.2%，而后者则占到 25%。

三、环境风险不断聚集

如果环境污染、资源枯竭、生态退化等问题所反映的是已有危机，那么

---

[1]　其中生态敏感可分为不敏感、轻度敏感、中度敏感、高度敏感和极敏感，而生态脆弱则反映了土地沙化、水土流失和石漠化等典型生态问题。

由生态承载力接近极限、环境问题进一步引发社会不稳定等则代表了我国环境风险逐步聚集，其后果不仅危及经济、社会发展，还有可能危及人类生存。

（一）生态系统面临承载力"过度超负"风险

当前，由于环境污染、资源过度消耗以及生态退化所带来的风险正以危机的形式"暴露"于我们的生产和生活之中，而生态环境承载力接近极限的风险则是潜在的危机，不易察觉，但却客观存在。为了反映当前我国生态环境所面临的潜在压力，在研究中形成了以生态足迹（王雪梅等，2007；徐中民等，2006；匡春凤，2014；龙爱华等，2004）和生态承载力（顾康康，2012；焦雯珺等，2015；李飞等，2010）的比较来判断人与自然的关系，进而勾勒出生态环境问题的程度。所谓生态足迹是以土地和水域面积来估算人类为了维持生产生活需要的生态资源的量，而生态承载力则是指在一定区域内，在不损害该区域环境的情况下，所能承载的人类最大负荷量。当生态足迹超过生态承载力，甚至几倍于生态承载力时，表示生态环境的恶化程度将进一步加重。对此，由世界自然基金会、中国科学院地理科学与资源研究所、全球足迹网络等多家机构共同完成的《中国生态足迹报告2012》指出了事实：一是尽管我国的人均生态足迹略低于全球平均水平，但已是我国生态环境系统自身承载力的2倍，即呈现"生态赤字"。若从生态足迹总量来看，考虑到人口基数，我国的生态足迹总量将位居全球第一（陈成忠等，2016）。这也就意味着，当前的发展是建立在对自然环境、资源的严重透支基础上的，势必不可持续。二是从地区来看，除西藏、青海、内蒙古、云南、海南外，其余省、市、自治区均处于生态赤字状态，经济发展水平越高，"生态赤字"状况越突出。

（二）环境问题进一步影响了区域间、城乡间的发展失衡

在环境风险不断聚集的同时，由于产业发展转移、治理投入不均等造成的地区间环境污染转移、农村环境问题等，进一步影响了地区间、城乡间发展的失衡。从近10年东部、中部、西部的二氧化硫排放比例可以明显看出，相对于东部地区二氧化硫排放比例的不断下降，中部、西部的比重反而持续上升，产生了环境污染的"区域转移"问题（见图4-14）。李方一等（2013）通过数据计算支出，我国国内存在着地区间隐含污染转移的问题，总体来看东部地区通过区域间贸易将自身的污染排放负担转移到中西部地区。潘元鸽等（2013）则

以二氧化碳排放量为例，计算了由地区间贸易往来所引发的隐含二氧化碳排放量，通过比较得出南部沿海和京津地区二氧化碳排放的向外转移强度最大，而西南、西北、中部地区是主要的流入地。导致地区间污染转移的原因在于经济发展水平不同所导致的治理投入力度的差异、东部向中西部的产业转移以及西部地区向东部地区资源输送时由资源开采所引发的污染问题，加剧了中西部地区社会发展的不平衡。

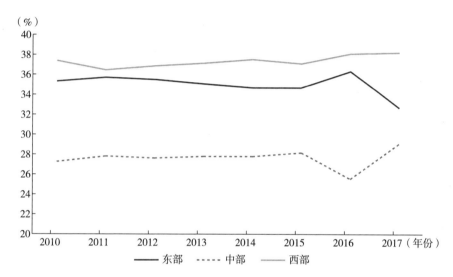

图4-14 2010~2017年我国东部、中部、西部地区二氧化硫排放量
占全国排放总量的比重变化情况

资料来源：笔者根据《中国统计年鉴》各城市数据计算。

与城市污染呈现的以工业污染为主不同，农村的生态环境问题反映在农业生产中的化肥污染、生活垃圾焚烧、污水直接排放等。据统计，在我国农村生产的化肥投入量是全球的1/3，每年有近100亿吨生活废水未经任何处理直接排放，近3亿吨生活垃圾焚烧、填埋或丢弃（郭丽琴、丁灵平，2013）。面对突出的农村环境问题，在中央环境保护专项资金中，中央以专项转移支付形式，加大对地方农村环境污染治理的投入。根据财政部2020年决算数据，农村环境污染治理专项转移支付资金规模为36亿元，相比于水污染防治（317亿元）、大气污染防治（250亿元）、土壤污染防治（40亿元），资金规模相对偏小（见图4-15）。

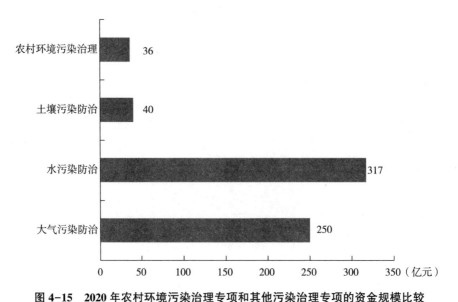

图 4-15　2020 年农村环境污染治理专项和其他污染治理专项的资金规模比较

资料来源：财政部. 2020 年中央对地方转移支付决算表 ［EB/OL］. 中华人民共和国财政部官网，2021-06-29. http：//yss. mof. gov. cn/2020zyjs/202106/t20210629_3727224. htm.

（三）由环境社会群体事件和国外舆论压力所引起的不稳定因素增加

根据中国社会科学院发布的《2013 年社会蓝皮书》，在我国每年由于各种社会矛盾所引发的群体性事件中，由于环境问题引发的该事件以年均 30% 的速度上升。刘晓亮和张广利（2013）指出当前我国环境群体事件频发是一种"风险的社会放大"现象，即在环境问题由社会群体事件发酵继而超出环境风险，在整个社会层面引发了风险放大的涟漪效应。除了在国内引发系列群体性事件为社会稳定埋下隐患外，近年来国内频繁爆发的环境污染事件使我国在国际舆论中饱受压力，甚至一些国家借助雾霾、"APEC 蓝"等事件在国际上对我国频繁施压，在一定程度上引发了新的不稳定因素。

由此可见，当前的环境问题已逐步上升为影响经济、社会乃至国家生存和发展的系统性风险，进一步凸显了从风险视角加强环境治理的重要性和迫切性。

第三节 影响环境风险治理成效的深层原因分析

随着环境问题的持续恶化、累积，环境风险化趋势不断加强，危及经济社会发展，乃至政治稳定。严峻形势的背后既反映了经济社会发展结构和居民生活消费理念仍需进一步调整，同时一些体制机制问题也需引起关注。

一、部门间环境保护职能有待进一步完善

以中央层面为例，环境管理围绕生态环境部，向上形成了包括全国人民代表大会环境与资源保护委员会、国家应对气候变化及节能减排工作领导小组、中央经济体制和生态文明体制改革专项小组等在内的"环境协调领导机构"；在同一级政府层面，形成了以生态环境部为主，国家发展改革委、自然资源部、农业农村部等相关部门共同构成的，涵盖环境保护、资源管理、经济环境统筹等综合职能的"环境管理职能部门"；向下以依附于各个职能部门的事业单位为主，构成了"环境管理服务部门"，如生态环境部下属的中国环境科学研究院等机构。

中国社会科学院可持续发展战略研究组在《2015 中国可持续发展报告——重塑生态环境治理体系》中指出，在中央政府承担的 53 项环境保护管理职能中，其中环境保护部（现改为生态环境部）承担约 40%，其他部门，如住建部、交通运输部、水利部、农业农村部、卫计委、气象局等承担 60%。其中，在环境保护部承担的 21 项职能中，由环境保护部独立承担的占 52%，与其他部门交叉的占 48%，其中比较突出的表现在水资源保护与水污染防治、动物多样性保护与自然保护区管理及环境监测等领域。

中央层面涉及环境管理事权的政府部门及其环境事权如表 4-3 所示。尽管环境事权存在于多个部门具有一定的客观原因，即环境管理事务涵盖了资源、环境、生态等多个方面，但往往会带来两个方面的问题，一是由于管理边界模糊，降低了管理效率，不利于建立统一的、部门联动的环境风险预警机制。苏明和刘军民（2010）指出当前环境事权中存在问题，建议在政府事权清单内，推进环境事权财权的合理划分，逐步形成分类、分级、分项的事权承担框架。

二是环境治理资金投入分散，难以发挥财政资金合力，不利于解决实际问题。在 2018 年新一轮环境体制改革后，这一问题得到了缓解。

表 4-3　中央层面涉及环境管理事权的政府部门及其环境事权

中央环境相关管理部门	环境事权
生态环境部	负责节能减排、环境监测、环境督查、环境执法等相关职责
国家发展与改革委员会	应对气候变化、节能减排、能源节约、循环经济、环保产业等发展；环保中央资金和补贴安排
水利部	水资源合理利用、节水、水土流失
农业农村部	农用地、渔业、草原、宜农滩涂/湿地、农业物种保护及污染治理，农村减排、循环农业发展
自然资源部（国家海洋局）	海洋生态环境保护和海洋领域应对气候变化
国家能源局	能源节约、资源综合利用
工业和信息化部	工业、通信行业的能源节约和资源综合利用、清洁生产等
住房和城乡建设部	建筑节能、城镇减排

资料来源：笔者根据各部门官网提供的机构职能等材料进行了整理。

二、经济建设与环境保护之间的良性互动机制有待完善

改革开放以来，在发展市场经济，推动政府向市场分权的改革过程中，中央和地方的关系也在不断的财政体制改革中呈现一定的市场化趋势。通过财政包干、财政分成等为主要内容的分权改革，中央财政逐步向地方放权，省一级财政向政府分权，其目的是激励地方政府发展经济。为此，在以促进经济发展为目的的分权改革中，无形之中形成了地方政府重经济建设的偏好。相对于基础设施建设、房地产等见效快、对经济拉动作用显著的项目来说，环境治理作为一项投入大、见效周期长，甚至于难以以经济价值来衡量的工作，在短期内难以实现 GDP 的快速提高，导致地方政府缺乏环境治理的内在动力，进一步引发了地方政府在环境治理中出现的两个方面的问题：一是在经济发展面前，环境决策让位于经济决策，进一步导致环境保护部门在地方政府决策中的弱势地位；二是地方政府在安排环境支出时，侧重基础设施建设，使资金结构出现失

衡，加剧了局部环境问题。以城市环境基础设施建设投资、工业污染源治理投资和建设项目"三同时"环保投资的环境污染治理投资为例，2015 年以来，工业污染直接治理的投资占环境污染治理投资的比重不断下降，由 2014 年的 10.4%降至 2018 年的 6.3%，而城市环境基础设施建设投资的比重平均保持在 50%左右（见图 4-16）。

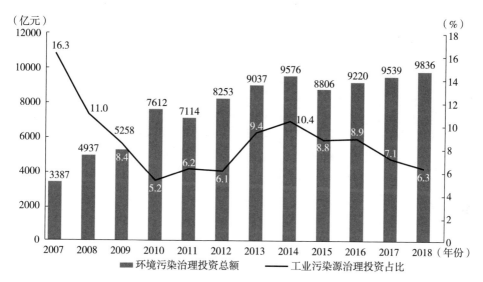

图 4-16　2007~2018 年环境污染治理投资中城市基础设施和工业污染源治理的投资比重比较

资料来源：《中国统计年鉴》。

三、环境治理的资金需求仍相对较大

当前环境支出作为财政支出的一个具体项目，包含在中央和地方的财政支出之中。其中，2007 年以来，环境支出占中央支出中的比重除 2014 年（1.5%）出现大幅提高外，近年来保持在 1.2%左右，而环境支出占地方支出中的比重则维持在 2.5%~3.5%（见图 4-17）。

在全国财政支出中，与教育、医疗等非经济性支出项目相比，用于环境保护的财政支出（环境支出）相对偏低（见图 4-18）。

从增长速度来看，2011 年以来，环境支出的年均增长速度较前一阶段出现大幅下降。如果只考察 2011 年至 2014 年的支出的年均增长速度，环境支出的

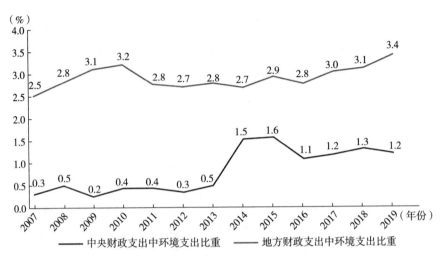

图4-17 2007~2019年中央财政和地方财政中环境支出的比重变化情况

资料来源：笔者根据《中国财政年鉴》数据计算得出。

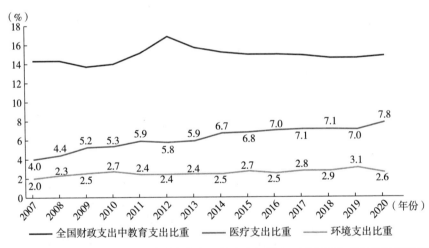

图4-18 2007~2020年全国财政支出中环境支出与教育、医疗卫生支出的比重比较

资料来源：笔者根据《中国财政年鉴》数据计算得出。

年均增速最低，仅为11.8%，低于全国财政支出（约14.0%）、教育支出（约17.25%）、医疗卫生支出（约21.0%）的平均增长速度（见表4-4）。从不同支出项目的增速比较可以看出，政府对环境支出的重视程度要低于教育和医疗卫生等。

表 4-4 2011～2020 年环境支出年均增速与总支出、教育和医疗卫生支出的比较

单位：%

年份	全国财政支出增速	教育支出增速	医疗支出增速	环境支出增速
2011	22	31	34	8
2012	15	29	13	12
2013	11	4	14	16
2014	8	5	23	11
2015	16	14	17	26
2016	7	7	10	−1
2017	8	7	10	19
2018	9	7	8	12
2019	8	8	7	17
2020	3	4	15	−14
近 10 年平均增速	11	12	15	11

资料来源：根据《中国财政年鉴》整理。

从上述比较可以初步看出，与我国环境治理中历史欠账较多、治理资金需求较大的现实相比，当前环境支出规模仍相对偏低，在一定程度上限制了政府环境治理能力的发挥，弱化了环境治理的成效。

本章小结

本章主要梳理了我国政府环境治理的历程，在此基础上对环境治理支出及其成效进行评估。主要结论包括：

一是经济发展导致环境恶化，进一步推动环境治理体系的建立和完善。从环境治理的起源来看，我国的环境治理源于环境危机，特别是当时周恩来总理等国家领导人对环境问题严重性的判断，推动了我国环境治理迈出第一步。在此后的发展中，每一个阶段环境治理理念和体制、法规、措施的建设都是对环境问题不断恶化的现实问题所作出的积极应对。从最初局部的、事后的污染治理，到以控制污染排放总量为目标、区域的污染治理，再到以强调人与自然协调发展为内涵的生态文明治理，这背后代表的是环境风险的局部呈现、累积、扩大,上升为系统性公共风险。为此,从风险的视角建立起对我国环境问题的认识至关重要。

二是环境恶化的趋势并未得到有效逆转且环境风险不断升级。近年来,在政府治理力度和投入不断加大的情况下,我国在污染物排放指标减量、环境污染治理能力提高、生态修复加强等方面取得了一定的成绩,但总体来看,由于生态环境污染与退化的速度快于人类治理和生态自我修复的速度,使环境问题不断累积,环境污染加剧,资源存量濒临枯竭、生态系统进一步退化。与此同时,环境问题进一步引发了生态承载力接近极限、社会不稳定等新的风险,环境风险不断加剧、升级,不仅危及经济、社会发展,还有可能危及人类生存。

三是环境风险加剧背后还存在制度完善的空间。随着环境问题持续恶化、累积,环境风险化趋势不断加强,并进一步危及经济社会发展,乃至政治稳定,这一严峻形势背后代表的是经济社会发展结构仍需进一步调整,尽可能减少引发环境风险的因素。从政府环境治理角度来看,也存在一定的制约因素,包括经济发展与环境保护之间的良性互动机制有待进一步确立,环境资金投入与需求缺口的矛盾有待解决。

第五章

环境风险指数研究

当前环境风险不断升级、加剧，更加凸显了从风险事件看待环境问题的迫切性。为此，本书试图通过建立环境风险综合评价指标体系，计算环境风险指数，进而形成对我国环境风险总体状况的客观评价。与以往研究中，单纯采取二氧化硫、二氧化碳、废水、工业固体废物等排放量作为衡量环境问题的主要指标有所不同的是，环境风险指数将从环境、资源、生态、经济、社会等多方面进行综合考量，将形成对我国环境问题全方位、立体式、动态化的判断。

第一节　建立环境风险综合评价指标体系

本节将通过构建环境风险综合评价指标体系，以客观数据为支撑建立起对我国环境风险的理性判断。需要特别说明的是，以往在环境问题研究时，国内外已经形成了相对系统的环境风险评价体系，但往往侧重于由新型化学品或工业品可能导致的未知风险开展的实验室型的环境风险评估，或基于常规排放源开展的环境受体承载极限的环境风险评估等（郭飞、吴丰昌，2015）。本书所建立的环境风险综合评价指数，侧重于反映环境自身风险（环境污染、资源枯竭、生态退化）以及由此所引发的经济、社会的风险，以便为后续财政支出的风险治理实践提供新视角，因此研究的视角涵盖了环境、经济、社会发展多个维度。

一、建立综合评价指标体系的一般步骤

所谓综合评价指标体系，是由代表被评价对象各个方面特性及相互关联的

多重指标，经过数据去量纲、权重化处理后所构成的具有多个层次的指标体系，是信息的高度综合，有助于建立起对评价对象综合、全面、客观的认识。正是基于这一优势在研究中被广泛采用。其中，比较有代表性的有：在研究市场化发展进程中，国内学者樊纲等（2011）所创建的市场化指标体系；在环境问题评价领域，如 OECD 所建立的环境绩效评估指标体系等。一般来说，建立对某一客观事物的综合评价指标体系有以下步骤（虞晓芬、傅玳，2004；张慧颖、王桂花，2009）：

（一）评价指标的选取

通常来说，选取评价指标要遵循四个原则：一是明确评价的目的。建立指标多用于指导政策实践，因此指标选择要体现政策目标。二是反映被评价对象的特点和结构。相对于单一评价指标来说，综合评价指标体系往往是多级、立体的，是评价对象的特征、内部结构以及不同结构间关系的体现。三是数据的可获取性。即便指标再优，倘若无法获取数据则变得毫无价值。而数据的可获取性往往也是影响指标体系准确性的重要因素，因为在实际操作中一旦数据不可获取可能会通过替代指标来完成评价，在一定程度上会导致评价结果出现偏离和误差；四是可比性。所选取的指标是可以用于地区比较和国际比较的。

在选择评价指标时，一般来说既可以根据经验判断，又可以借助统计方法通过聚类、回归、相关性分析等多种方法加以确定。通常来说后者应用较多，一般的步骤是基于主观判断，先确立可以代表被评价对象总体特点的二级指标体系，然后对二级指标体系进行拓展，建立三四等多级指标，每一级指标中都包含多个待选指标，然后通过回归、相关分析等方法确定待选指标与本级指标的关系，根据相关系数等统计结果分别对待选指标进行筛选，剔除关联度较小的指标，继而完成"先满足整体性，再确定代表性"两个工作步骤，最终得到相对较为合理的指标体系。

（二）指标权重测算

在综合指标体系中，往往会根据评价对象的构成部分及其重要程度，对各评价指标在总体评价指标中的地位进行比重分配，而合理分配指标权重关系着指标结果的准确性和全面性，因此是综合指标体系建设的重要环节。通常来说，确定指标权重一般有两种方法：一是主观赋权法，包括咨询评分法、层次分析法、德尔菲法（专家调查法）等；二是客观赋值法，是指利用统计方法处理后得到权重的方法，包括熵权法、主成分分析法等，精确度高。

（三）指标数据标准化处理

通常来说，综合指标体系内指标数量较多，不同指标具有不同的量纲和数量级，若直接使用原始数值进行分析会突出数据值较高的指标的地位而削弱数据值低的指标的作用，难免有失客观。为此，在使用指标数据前，往往先对其进行标准化处理后再用于计算（王晓军，1993）。归纳来说，数据标准化处理包括：①直线方法，如极差法，先计算指标值得最小值、最大值，计算极差，通过极差法将指标值映射到［0，1］区间；②曲线方法，如Z得分法，将所有数据处理为服从（0，1）正态分布。

（四）计算评价指数并划分评价等级

经前面步骤，可通过加权平均法、灰色关联法（穆瑞、张家泰，2008）、主成分分析法（张永锋、胡蓉，2013）等得出每一级评价指标的得分和总得分。相比较第一种方法，后两种可以进一步剔除潜在的偏差因素。根据相关政策和既有判断来划分评价等级，对指数进行评价。

二、环境风险评价指标的选择

（一）环境风险综合评价指标体系

结合第四章中对我国环境风险的判断，初步建立环境风险综合评价指标体系（见表5-1），包括4个二级指标，即生态环境恶化风险、生态承载力超负风险、生态修复风险、环境衍生风险，分别来代表当前存在的导致环境风险增加、减少的因素。运用这四个方面的指标评价环境风险时，既考虑了各类由环境问题引发的当期新增风险，同时也考虑了污水、废气等处理率，可以视为人为因素影响下"生态环境自我修复能力"。通过计算环境风险指数，两者相互抵消，实际上得出的是在未考虑外在因素影响下（政府治理投入、政府管理加强、经济结构转变等）形成的当期"新增环境风险净值"。政府治理对当期"新增环境风险净值"产生怎样的影响，将直接关系到有多少风险会累积到下期。鉴于以往我国环境问题是在不断累积中升级、扩大，为此考虑当期的风险治理效应，尽可能减少当期环境风险、避免累积至关重要（见图5-1）。

表 5-1　环境风险综合评价指标体系（初步数据指标）

二级指标	三级指标	单位	计算方法	正向/负向指标
生态环境恶化风险	化学需氧量（COD）	万吨	原始统计数据，包含工业、农业、生活	+
	含二氧化硫废气排放量	吨	原始统计数据，包含工业、生活	+
	颗粒物排放量	万吨	原始统计数据，包含工业、生活、机动车	+
	一般工业固体废物生产量	万吨	原始统计数据	+
	耕地化肥施用负荷	千克/公顷	化肥施用折纯量÷农作物播种面积	+
生态承载力超负风险	人均用水量	立方米/人	原始统计数据	+
	人均用电量	千瓦时/人	用电总量÷常住人口	+
	城市城区用地饱和度	%	城市建设用地面积÷城区面积	+
	人口密度	人/平方千米	原始统计数据	+
生态修复风险	污水处理厂污水处理能力	万立方米/日	原始统计数据，包含工业、生活	−
	工业废气治理设施处理能力	万立方米/时	原始统计数据	−
	一般工业固体废物综合利用量	万吨	原始统计数据	−
	生活垃圾无害化处理能力	吨/日	原始统计数据	−
环境衍生风险	自然灾害直接经济损失	亿元	原始统计数据	+
	人均医疗保险支出	元/人	城镇基本医疗保险支出÷参保人数	+
	突发环境事件	件	原始统计数据	+

注：原始统计数据是指现有统计材料中已包含该项指标，并已给出统计数据。

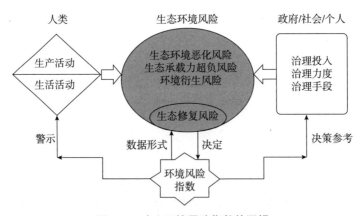

图 5-1　建立环境风险指数的逻辑

（二）环境风险评价指标：初步选定

在学习和借鉴现有关于可持续发展、生态环境脆弱性、环境绩效评估等已有评价指标（黄宝荣等，2008；张靓等，2013；乔青等，2008；马涛、翁晨艳，2011；Skondras et al.，2011；Dalal-Clayton and Sadler，2005），对二级指标进行拓展形成了环境风险综合评价指标体系，共含有4个二级指标，16个三级指标，其中正向指标12个，负向指标4个。

1. 生态环境恶化风险

侧重于衡量当前由于环境污染所引发的生态环境恶化风险。初步选定了5个指标，分别衡量水、空气、土壤等污染程度，其中：

（1）化学需氧量（COD）：用于测量有机和无机物质化学分解所消耗氧的质量浓度的水污染指数。

（2）含二氧化硫废气排放量：包括工业二氧化硫排放量与生活二氧化硫排放量之和，用于衡量空气污染的程度。

（3）颗粒物排放量：是指企业在燃料燃烧和生产工艺过程中排入大气的烟尘及工业粉尘的总质量之和。烟尘或工业粉尘排放量可以通过除尘系统的排风量和除尘设备出口烟尘浓度相乘求得，用于衡量空气污染情况。2017年，烟（粉）尘排放量指标名称改为颗粒物排放量，但统计口径未变化。

（4）一般工业固体废物生产量：是指当年全年调查对象实际产生的一般工业固体废物的量。一般工业固体废物系指未被列入《国家危险废物名录》（2016版）或者根据国家规定的《危险废物鉴别标准》（GB5085）、《固体废物浸出毒性浸出方法》（GB5086）及《固体废物浸出毒性测定方法》（GB/T15555）鉴别方法判定不具有危险特性的工业固体废物。

（5）耕地化肥施用负荷：耕地化肥施用负荷=化肥施用折纯量÷农作物播种面积。它反映土地受化肥等化学物质污染的情况。

2. 生态承载力超负风险

主要侧重于反映当前我国生态环境所面临的人类生产、生活足迹逐步扩大所带来的承载压力，继而引发的不可持续风险。初步选定了4个指标进行说明，分别从用水、用电、用地等方面，来反映资源和生态环境承载的压力。

（1）人均用水量：反映水资源的消耗速度。

（2）人均用电量：人均用电量=用电总量÷常住人口。由于我国电力主要以煤炭为主，该指标可以分别反映经济社会发展的能耗和对煤炭等主要矿产资源的消耗程度。

（3）城市城区用地饱和度：城市城区用地饱和度＝城市建设用地面积÷城区面积。从国际标准看，建设用地开发强度以30%为警戒线，超过该标准城市发展的可持续性面临极大挑战。

（4）人口密度：反映城区内的人口疏密程度，如果密度越大，城市的生态环境压力相对较大。

3. 生态修复风险

前面两类代表的是环境风险的增加，这部分则是环境风险减少的因素。采取负向指标处理方法，当原始值越大，表示在人工的作用下实现的生态自我修复能力越强，则指标值越小，环境风险越小。经筛选后确定了4个指标，从工业、生活污染物的处理率方面加以反映。

（1）污水处理厂污水处理能力：是指对工业和生活污水的处理能力，反映人工对水资源的净化程度。

（2）工业废气治理设施处理能力：是指利用专业设施对工业产生的废气处理的能力，反映人工对空气的净化程度。

（3）一般工业固体废物综合利用量：是指当年全年调查对象通过回收、加工、循环、交换等方式，从固体废物中提取或者使其转化为可以利用的资源、能源和其他原材料的固体废物量（包括当年利用的往年工业固体废物累计贮存量），如用作农业肥料、生产建筑材料、筑路等。综合利用量由原产生固体废物的单位统计。

（4）生活垃圾无害化处理能力：是指通过对环境无害的方式每日处理的垃圾量。由于垃圾一般通过地下掩埋的方式处理，无害化垃圾处理有助于减少对土壤的污染。

4. 环境衍生风险

主要反映由环境风险诱发的经济风险和社会风险，选取了3个指标，在经济风险方面，主要是由环境污染带来的经济成本，用环境税（排污费）衡量；在社会风险方面，主要是环境污染引起的健康风险（表现在居民卫生支出）、稳定风险（环境信访事件、各类环境突发事件）。

（1）自然灾害直接经济损失：生态环境的破坏，导致因人为因素产生的自然灾害频发，因此用该指标间接地反映环境污染带来的经济风险。

（2）人均医疗保险支出：人均医疗保险支出＝城镇基本医疗保险支出÷参保人数。是指城镇参保人员所支出的医疗保险费用，反映因环境风险恶化带来的健康风险。

（3）突发环境事件：是指突然发生，造成或可能造成重大人员伤亡、重大财产损失和对全国或者某一地区的经济社会稳定、政治安定构成重大威胁和损害，有重大社会影响的涉及公共安全的环境事件。用该指标来反映环境引发的社会稳定风险。

三、环境风险评价指标数据及权重处理

（一）指标数据来源及处理

评价指标体系中，标注"原始统计数据"的指标数据来源于《中国统计年鉴》、《中国能源统计年鉴》、《中国环境统计年鉴》、《中国环境年鉴》、《中国环境状况公报》、《全国环境统计公报》、《环境统计年报》、《中国国土资源公报》、《中国水土保持公报》以及各省份环境状况公报等。其余数据则是根据上述统计年鉴公报中所公布的原始统计数据计算而来，计算公式已列出。

指标分析的时间段是 2010~2019 年，对部分年份存在的个别数据缺失，采取插补替代法（庞新生，2005；金勇进，2009）计算后，近似代替原数值。鉴于数据的可比性和可获得性，文中计算各地指标时，不包含西藏、新疆、香港、澳门和台湾①等地，参与计算的共有 29 个地区数据（2010~2019 年全国各地区环境风险指数的详细数据见附录）。

此外，对于内含价格因素的变量，包括自然灾害直接经济损失、人均医疗保险支出两个变量，利用 GDP 平减指数进行计算，以剔除价格影响。

（二）指标标准化处理

本书参照现有文件，采取极差法对数据进行标准化处理。主要计算公式为：

对于正向指标来说，指标观测值越大说明风险越大，属于是正向指标，计算方法为公式（5-1）。

---

① 主要考虑到数据的可获取性，因此未包含香港、澳门和台湾。

$$x_i^* = \frac{x_i - \min x_i}{\max x_i - \min x_i} \qquad (5-1)$$

其中 x_i 表示某省在 t 年时第 i 个指标的原始数值，$\max x_i$、$\min x_i$ 分别代表 t 年第 i 个指标在各省份中的最大值和最小值。

对于负向指标来说，指标观测值越大说明风险越小，属于是负向指标，因此采取的方法为公式（5-2）：

$$x_i^* = \frac{\max x_i - x_i}{\max x_i - \min x_i} \qquad (5-2)$$

(三）权重测算

以往研究通过主观测算或客观测算对各个指标的权重进行测算，然后通过加权平均法得出最后的评价数，以体现不同指标对评价对象的重要程度的不同。但是这样做的一个问题是，每个指标在不同年份之中，对评价对象的重要程度是固定的。然而在现实中，随着时间的推移不同指标对评价对象来说重要程度往往是变化的，如本书在研究环境风险时，随着时间的推移和当前污染治理手段的加强，环境污染对环境风险的影响权重一定程度上逐步弱化，而环境承载力、环境社会问题对环境风险的影响程度正逐步加强。

考虑到这一点，并借鉴樊纲等（2011）在编制"市场化相对进程指数"中的方法，不对各指标进行权重赋值，而采用算数平均法进行计算。

四、环境风险指数计算

通过数据处理和权重方法的选择，进一步计算某省市和全国在某一年的环境风险指数。在"市场化相对进程"的编制中，樊纲等学者采取的是先计算各省数据，继而由各省的平均数来估算全国的水平。本书借鉴上述做法，在评价环境风险指数时，通过各省份的加权平均来估算全国的水平。

首先计算环境风险二级指标的数值，即分别计算生态环境恶化风险、生态承载力超负风险、生态修复风险和环境衍生风险，然后在对每个二级指标进行加权平均得出最终的风险指数。

某省第 t 年的环境风险指数可以通过公式（5-3）计算。

$$某省第\ t\ 年的环境风险指数 = \frac{\sum\limits_{d=1}^{m}\left(\sum\limits_{i=1}^{n} x_{d(i(t))}^* / n\right)}{m} \qquad (5-3)$$

其中 m 代表二级指标的个数，n 代表二级指标对应的三级指标的个数，$x^*_{d(i(t))}$ 是某省第 t 年第 d 个二级指标中包含的第 i 个三级指标经标准化处理后的数字。

第二节　2010~2019 年全国环境风险指数特点分析

基于上述方法，本书分别计算了 2010~2019 年我国的全国环境风险指数和省级环境风险指数。从全国来看，环境风险指数逐年提高，引发风险的因素逐步由环境恶化风险向承载力超压风险转移。就地区而言，东部、西部地区的环境风险高于中部地区。值得注意的是，部分西部以资源开采为主的地区正面临着来自环境恶化和承载力超压双重风险同时增加的现实问题。

一、环境风险指数原始数据描述性统计分析

根据各指标原始数据的描述性统计（见表 5-2）看，2010~2019 年，从污染物排放量来说，废水、废气的排放量最大值均出现在山东，分别是 2010 年和 2011 年，一般工业固体废弃物生产量的最大值出现在 2019 年的内蒙古，上述污染物排放最少的则出现在海南和北京。从耕地化肥施用负荷看，最大值出现在 2016 年的福建和 2019 年的青海，两者相差了近 6 倍。从城市用水、用电量来看，新疆、内蒙古的人均用电和用水量较大。用地的饱和度和人口密度相对较大的是黑龙江、陕西。从污染治理能力来说，污水、工业废气处理能力最强的分别是广东和河北，而固体废物综合利用、垃圾无害化处理能力最强的分别是山东和广东。从环境风险衍生出的经济、健康和社会风险来看，因自然灾害带来的直接经济损失四川最大，北京市的人均医疗支出最高，2013 年上海发生了数量最多的突发环境事件，达到了 251 件。

表 5-2　各指标原始数据的描述性统计

变量	单位	(1) 数量 N	(2) 均值 mean	(3) 标准差 sd	(4) 最小值 min	(5) 最大值 max
化学需氧量（COD）	万吨	290	48.8	46.9	0.9	198.2

续表

变量	单位	(1) 数量 N	(2) 均值 mean	(3) 标准差 sd	(4) 最小值 min	(5) 最大值 max
含二氧化硫废气排放量	吨	290	49.9	39.6	0.3	182.7
颗粒物排放量	万吨	290	44.1	31.2	1.5	179.8
一般工业固体废物生产量	万吨	290	11662	10130	212	52037
耕地化肥施用负荷	千克/公顷	290	378.0	142.3	111.8	799.6
人均用水量	立方米/人	290	438.6	214.3	161.2	1157
人均用电量	千瓦时/人	290	4626	2717	680	15126
城市城区用地饱和度	%	290	0.3	0.1	0.1	0.7
人口密度	人/平方千米	290	2835	1161	764	5821
污水处理厂污水处理能力	万立方米/日	290	469.9	400.3	19.8	2412
工业废气治理设施处理能力	万立方米/时	290	122991	194045	2110	1062655
一般工业固体废物综合利用量	万吨	290	6856	5167	178	25230
生活垃圾无害化处理能力	吨/日	290	19571	17005	931	134543
自然灾害直接经济损失	亿元	290	123	24	0	1203
人均医疗保险支出	元/人	290	1385	128.7	350	6337.9
突发环境事件	件	290	14	27.1	0	251

二、全国环境风险指数总体分析

根据全国环境风险指数的计算结果显示（见图5-2、表5-3），2010年以来，全国环境风险指数总体保持缓慢上升的趋势，其中2012年和2013年达到最低值，在此之后基本保持逐年递增。从二级指标来看，在每一年的环境风险指数中，生态修复风险指数对其影响最大，具体是指废水、废气和工业固体废物等污染物的治理能力不足，面对污染物排放总量的不断增加，污染治理能力并没有跟上，导致了环境风险的进一步加大。从年份的变化来看，由环境衍生风险指数波动最大，其中2014年、2015年和2018年呈现风险集中爆发的特点（见表5-3），导致当年环境风险显著增加。

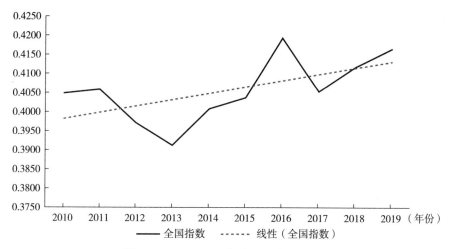

图 5-2 2010~2019 年我国环境风险指数

表 5-3 2010~2019 年全国环境风险指数

年份	二级指标				全国指数
	生态环境恶化风险指数	生态承载力超负风险指数	生态修复风险指数	环境衍生风险指数	
2010	0.3420	0.3487	0.7113	0.2175	0.4049
2011	0.3638	0.3578	0.7018	0.2001	0.4059
2012	0.3559	0.3392	0.6982	0.1953	0.3972
2013	0.3590	0.3366	0.7199	0.1496	0.3913
2014	0.3546	0.3366	0.7118	0.2002	0.4008
2015	0.3599	0.3219	0.7118	0.2212	0.4037
2016	0.3548	0.3515	0.7600	0.2109	0.4193
2017	0.3595	0.3408	0.7257	0.1952	0.4053
2018	0.3445	0.3428	0.7324	0.2271	0.4117
2019	0.3565	0.3413	0.7417	0.2267	0.4166

三、全国环境风险指数结构分析

（一）污染物排放减量并不意味着环境风险减小

由于我国环境治理重点在于污染的防控，如采取节能减排、"三同时"制度、污染治理等多种手段，控制部分主要污染物排放总量。因此，以主要污染物排放量来表示的环境恶化风险指数看，近 10 年变化较为平稳，保持在平均水平上下，并呈现缓慢下降的趋势（见图 5-3）。但结合总体环境风险指数看，环境恶化的风险在降低，但总体环境恶化风险指数却在上升，这说明判断我国的环境问题，不能仅以污染物排放总量为衡量标准，要综合考虑环境风险的内涵，建立起以风险防范治理为导向的环境治理体系。

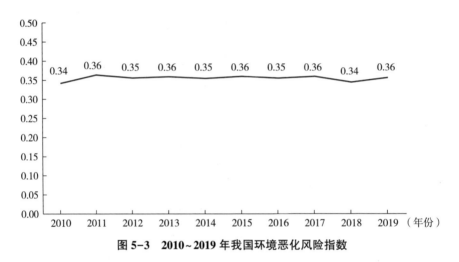

图 5-3　2010~2019 年我国环境恶化风险指数

（二）生态承载力超负风险指数直线增长

在以往的研究中，曾用"生态足迹/生态承载力"作为我国生态环境总体的衡量，指出我国当前的生态承载力超负。通过计算生态承载力超负的风险进一步印证了这一观点。以 2015 年为界限，我国城市发展的承载压力出现了先降后升的特点（见图 5-4）。结合评价生态承载力超负风险的指标来看，造成此类风险的主要原因源于城市规模扩大所带来的多方面压力，说明随着城市化进程的不断加快，城市发展对于水、电（煤）、土地等消耗与日俱增。

（三）生态修复风险增加

除上述反映风险增加的正向指标外，指标体系中选取了工业固体废物综合利用率、城市废水处理能力、生活垃圾无害化处理率等指标作为由人工因素所产生的，类似于自然自我修复能力的指标，来反映同期在不受外界因素影响下所带来的风险减少程度。由于原始数据采取负向指标的方法进行了处理，因此

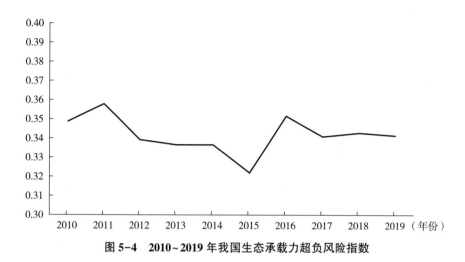

图 5-4　2010~2019 年我国生态承载力超负风险指数

指数越大代表生态修复能力越弱，环境风险越大。从计算结果来看，2010 年以来我国的生态修复风险与日俱增，滞后于污染物排放的增长速度（见图 5-5）。

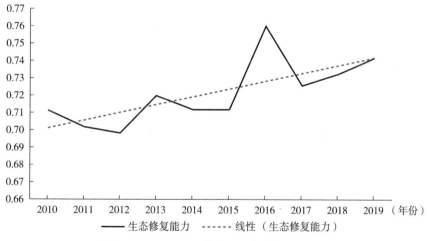

图 5-5　2010~2019 年我国生态修复风险指数

从其内在原因来看，一方面与环境污染治理难度加大有关；另一方面，结合我国环境污染治理投入的资金增速来看，2016~2018 年两者保持同步变化，即环境污染治理投入增加的同时生态修复风险也在增加，这充分反映了环境污染一旦产生治理成本将数倍增加，即使保持污染治理投入不断增加，也无法从根本上扭转污染态势（见图 5-6）。

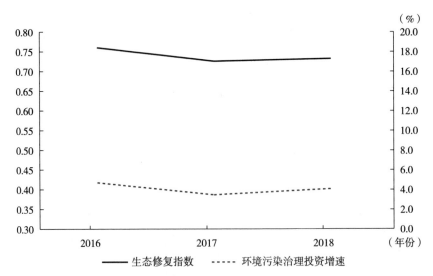

图 5-6 2016~2018 年生态修复风险指数与我国环境污染治理投资增速比较

(四) 环境衍生风险增加

由于数据的可获得性，从自然灾害直接经济损失、人均医疗保险支出、环境突发事件来分别表示环境引发的经济风险、健康风险和社会风险。计算结果显示，环境衍生风险指数变化较大，以 2015 年为界限，前后两个阶段均呈现先减后增的趋势（见图 5-7）。2015 年的风险指数相对较高，原因在于当年所发生的自然灾害损失、环境突发事件等都保持在较高的水平。该指标从侧面可以反映出我国环境问题已超出"经济—自然"的范畴，进入"经济—自然—社会"的范畴。

图 5-7 2010~2019 年我国环境衍生风险指数

第三节　2010～2019 年我国各地区
环境风险指数特点分析

一、地区环境风险指数总体分析

从各省份环境风险指数表现出与全国相同的趋势，即在不同的年份有增有减，但总体来看保持着持续增长的态势。以 2019 年为例，北京、山西、内蒙古、黑龙江、浙江、福建、江西、河南、湖南、广东、四川、陕西、宁夏 13 个省份的综合环境风险指数高于全国，其中最高的是陕西、内蒙古和黑龙江，这三地均为主要的工业或资源开发地，面临的环境风险最大（见图 5-8）。

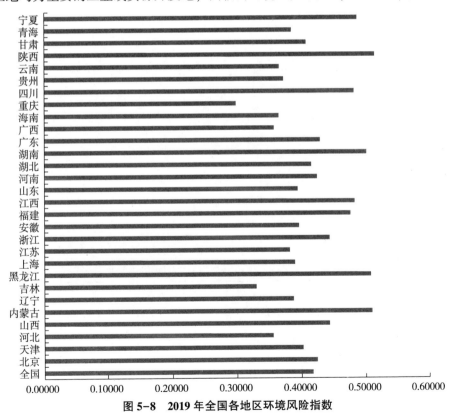

图 5-8　2019 年全国各地区环境风险指数

二、地区环境风险指数空间分析

2019 年，环境风险主要集中在两个区域，东北至内蒙古、陕西、四川一带，以及浙江、福建、江西、湖南一带。东部和中部部分地区环境风险相对较低。

如果进一步观测环境风险指数空间分布的年度变化，可以看出 2010 年我国的环境风险主要集中从河南到青海沿线一带，与各地承接东部地区产业转移的态势相吻合。到 2015 年，随着东北振兴和中部崛起战略实施，该地区发展速度加快，但同时也面临着生态环境风险的发展隐患。

具体来看，陕西、内蒙古、黑龙江等地的环境风险指数自 2010 年以来一直保持较高水平，从环境风险指数来看，始终位列全国前五。除此之外，其他前五位的城市有所变动，2015 年之前以甘肃、四川、青海等地为主，此后则主要集中在湖南、陕西、宁夏等地（见表 5-4）。

表 5-4　2010~2019 年环境风险指数全国前五的省份

年份 排序	2019	2018	2017	2016	2015	2014	2013	2012	2011	2010
1	陕西	内蒙古	陕西	福建	陕西	陕西	陕西	黑龙江	上海	上海
2	内蒙古	黑龙江	湖南	湖北	黑龙江	黑龙江	黑龙江	上海	黑龙江	江西
3	黑龙江	宁夏	内蒙古	黑龙江	福建	上海	上海	陕西	陕西	陕西
4	湖南	陕西	黑龙江	陕西	内蒙古	云南	甘肃	河北	四川	青海
5	宁夏	广东	广东	内蒙古	甘肃	河南	四川	甘肃	云南	云南

从环境风险指数较低的地区来看，重庆历年来环境风险均处于较低水平，其次是山东、吉林、广西、贵州等地（见表 5-5）。

表 5-5　2010~2019 年环境风险指数全国后五的省份（数值从小到大）

年份 排序	2019	2018	2017	2016	2015	2014	2013	2012	2011	2010
1	重庆	重庆	重庆	重庆	重庆	重庆	重庆	重庆	广东	重庆
2	吉林	河北	山东	山东	山东	浙江	山东	广东	山东	吉林
3	河北	浙江	浙江	吉林	贵州	山东	山东	浙江	重庆	河北
4	广西	广西	河北	辽宁	海南	安徽	辽宁	山东	江苏	广西
5	海南	贵州	安徽	浙江	广西	辽宁	广西	湖北	吉林	海南

三、地区环境风险指数结构分析

（一）生态环境恶化风险主要源于资源开发和工业生产

从生态环境恶化风险来看，2019 年数值较大的地区主要集中在内蒙古、广东、河北和山东等地，从指数数值排在前十的地区来看，广东、山东、江苏是经济大省，经济产值高，经济活动强度也相对较大；河北、辽宁等地是传统的工业大省；内蒙古、山西则主要是资源开发利用的主要地区。相对来说，指数数值较小的地区主要包括北京、天津、上海、青海和海南，前一类属于直辖市，环境污染控制力度较大，后两者则属于生态功能区，工业生产相对较少（见图 5-9）。由此可见，从地区来说，环境恶化风险主要源于资源的过度开发利用以及工业发展。

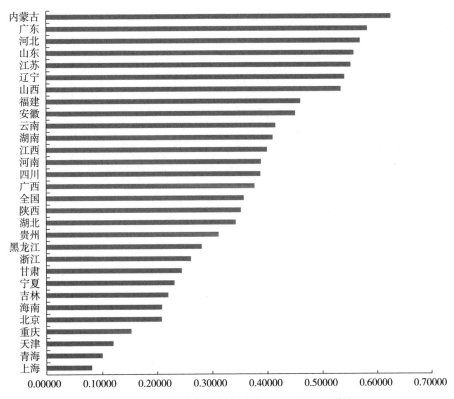

图 5-9　2019 年全国各地区生态环境恶化风险指数

（二）生态承载力超负风险主要分布在中西部地区

从生态承载力超负风险来看，黑龙江位列首位，主要是由于城市土地饱和度较高引起的。除此之外，该指数数值较高的地区主要集中在中西部，包括宁夏、江西、内蒙古、陕西、青海和河南，由于生态承载力超负风险主要从人均用电量、用水量，土地饱和度以及人口密度来衡量，引起西部地区该指标较高的原因是人均用电量、用水量相对较高（见图5-10）。

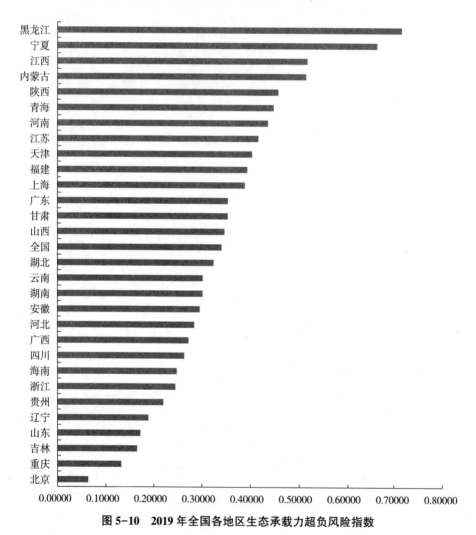

图5-10　2019年全国各地区生态承载力超负风险指数

（三）生态修复风险和环境污染恶化风险相适应

从生态修复风险来看，海南、宁夏、甘肃、青海等地相对较弱，原因主要在于该指标以主要污染物的处理量进行衡量，由于这些地区的环境污染物排放量相对较低，处理的规模也相对较小，这一指标的表现与环境污染恶化风险相适应（见图5-11）。需要说明的是，一般来说，污染物排放量较大的地区，其污染物处理量也相对较大，因此该指标可用于同一省份不同时间维度的比较，相对来说地区间的可比性较弱。

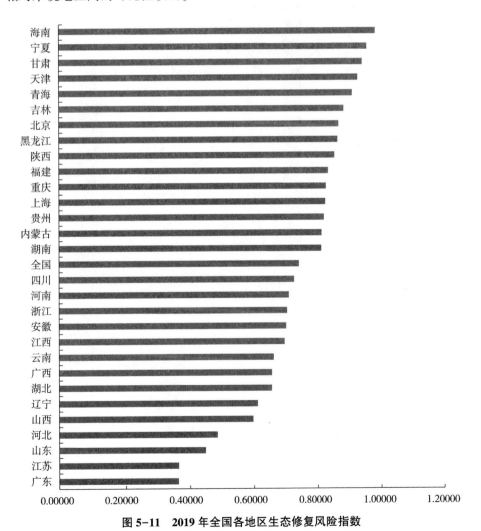

图 5-11　2019 年全国各地区生态修复风险指数

从 2019 年的生态修复风险来看，江苏、山东、广东等地风险较低，主要源于该地区污水、废气、固废和垃圾的治理能力强，多数指标均高于全国平均水平，其中广东的污水治理、垃圾无害化处理能力位列全国首位（该项指标为 0，说明治污能力最大），江苏的工业废气治理能力位列全国首位，山东的工业工体废物综合利用能力位列全国首位（见图 5-12）。

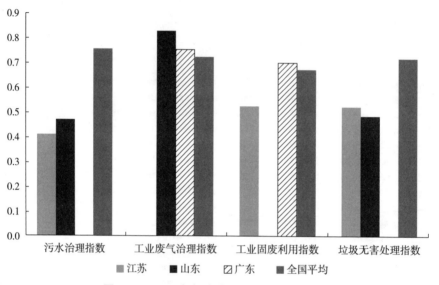

图 5-12 2019 年部分地区生态修复风险指数

（四）环境衍生风险逐步爆发

从环境功能衍生的经济、社会风险来看，2019 年，浙江、北京和四川的数值最大（见图 5-13），从三级指标来看引起浙江和四川环境衍生风险较大的原因主要是自然灾害频发，带来的直接经济损失相对较大。根据 2020 年《中国环境统计年鉴》显示，当年浙江因自然灾害带来的直接经济损失达到 553 亿元，四川为 341 亿元。与这两地不同，北京地区环境衍生风险大，主要是由于人均医疗支出的规模相对较大，达到 6338 元，是支出最少地区（贵州）的 6 倍之多。

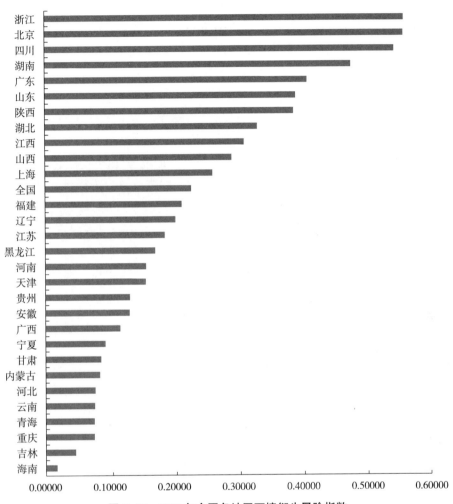

图 5-13 2019 年全国各地区环境衍生风险指数

本章小结

本章通过建立环境风险综合评价指标体系，继而计算环境风险指数，是评价财政支出的环境风险治理效应的主要衡量标准。主要结论包括：

一是建立环境风险综合评价指标体系评估环境风险。在建立环境风险综合评价指标时，首先根据对我国环境风险的初步判断，从四个方面建立了二级指标，分别来代表当前存在的导致环境风险增加的因素和导致环境风险减少的因素。鉴于我国环境问题是在不断累积中升级、扩大，为此考虑当期的风险治理效应，尽可能减少当期环境风险避免累积至关重要。

二是我国环境风险指数稳中有升且呈现"向西移动"的特点。从全国环境风险指数看，2010 年以来基本呈现先降后升的趋势，初步说明我国对环境风险的治理是具有成效的。但进一步分析环境风险的构成，情况有待改善。虽然部分主要污染物排放总量出现不同幅度的下降，但环境恶化的风险却持续增长，这意味着在判断我国的环境问题，不能仅以污染物排放总量为衡量标准，还要考虑影响环境的多个方面因素。同时，从地区来看，环境风险与产业转移的"由东及西"空间特点吻合，以 2019 年为例，北京、山西、内蒙古、黑龙江、浙江、福建、江西、河南、湖南、广东、四川、陕西、宁夏 13 个地区的综合环境风险指数高于全国，其中最高的陕西、内蒙古和黑龙江均为主要的工业或资源开发地。

三是环境风险具有较强的衍生性。从引发环境风险的各个因素来看，生态承载力超负风险和生态修复风险是环境风险指数不断增大的主要原因。由于数据的可获得性，只选择了环境突发事件为指标来衡量环境衍生风险，尽管不足以代表全面的由环境问题所导致的环境衍生风险，但从侧面可以反映出我国环境问题已超出"经济—自然"的范畴，进入"经济—自然—社会"的范畴，解决环境问题的核心从处理好"人与自然"的关系进一步扩充到要同时处理好"人与自然""人与人"的关系，更加凸显了对从风险视角下认识环境问题的重要性。

第六章

环境支出的风险治理
效应分析

环境支出是政府治理环境风险的直接手段，对于降低环境风险发挥着重要的作用。本章将着重分析环境支出总量对环境风险治理效应的影响，重点判断影响环境支出风险治理效应的主要因素。本书所指的环境支出，是当前预算科目内所设置的"211节能环保支出"，与其他环境类支出相比具有资金投入稳定的特点，是当前治理环境风险的主要资金来源。

第一节　关于效应测度的两个层面

从两个方面对财政支出的风险治理效应进行测度，一是研究环境支出本身所产生的风险治理效应，二是研究可能会影响环境支出效应的主要因素。

一、环境支出风险治理效应的测度

公共风险理论指出：财政支出由风险所决定，并以公共风险最小化为目标。对照公共风险理论，环境支出是由环境风险决定的，并且承担着减少环境风险的任务。因此，从理论上来说，环境支出应具备正向的风险治理效应，即随着环境支出的增多，环境风险将逐步降低。若以本书所构建的环境风险指数变化量作为判断环境风险是否降低的标准，那么环境支出的风险治理效应，主要表现为环境支出和环境风险指数两个变量的负相关关系，在实证部分中将重点检验两者间的相关关系，以说明环境支出对风险的治理效应。

二、环境支出风险治理效应影响因素的测度

除了研究环境支出直接产生的环境风险治理效应外，本书还重点研究了影响环境支出发挥其应有效应的影响因素，包括影响环境支出治理效应的制度、行为等相关因素。因为环境支出对环境风险的治理效应并非本书的终点，而是期望借助风险治理效应及影响因素的研究，重点找出当前影响我国环境支出发挥风险治理效应的制度、行为因素，并据此提出完善政策和修正行为的建议，最终减少环境风险。

第二节　变量选择与计量模型

在研究环境支出的风险治理效应时，将对动态回归模型和回归估计方法进行实证分析，以明确治理效应和影响治理效应的因素。

一、模型构建

（一）基本模型

依据第三章所建立的财政支出和风险之间的理论函数（第三章的公式（3-4）），同时考察财政分权、地方财政竞争等因素对环境风险的影响，建立以下计量模型来分析环境支出对环境风险的治理效应及其滞后效应：

$$erisk_{it} = \alpha_0 + \alpha_1 efe_{it} + \alpha_i X_{it} + \varepsilon_{it} \tag{6-1}$$

其中：$erisk_{it}$ 表示第 i 个省第 t 年的环境风险指数；efe_{it} 表示第 i 个省第 t 年的环境支出，用环境支出占财政支出的比重表示；X_{it} 表示控制变量，分别包括第 i 个省第 t 年的人均 GDP、科技、教育程度等变量；ε_{it} 表示误差项。

（二）加入滞后性的改进模型

在环境保护支出的科目中，一些项目的支出涉及基础设施的建设，考虑到项目建设周期的问题，这部分资金能够呈现出相应效果时存在若干年滞后的问

题。因此，在理论上本期的环境风险除了受本期的环境支出影响外，还受上期或者前几期的环境支出影响。为此在数据处理中，分别添加上一期的财政支出 efe_{t-1} 作为考察对象，以研究支出效应的滞后性问题。

$$erisk_{it} = \alpha_0 + \alpha_1 efe_{it} + \alpha_2 efe_{i(t-1)} + \alpha_i X_{it} + \varepsilon_{it} \tag{6-2}$$

二、变量的含义及来源

（一）被解释变量

被解释变量是第五章构建的环境风险指数（$erisk$），重点考察环境风险指数与环境财政支出间的相关关系，以此来检验财政支出对环境风险的治理效应。在计算时采取原始的 $erisk \times 100$ 的方式来表示。

考虑到当前我国提出的碳达峰和碳中和的环境治理目标，在分析财政支出对环境风险的治理效应时，同时选择了二氧化碳（$carbon$）、工业固体废弃物排放量（$solidw$）作为被解释变量，按照公式（6-1）、环境支出等进行回归分析。主要基于三点考虑：一是在环境风险指数构建中，尽可能避免由于指标选择和数据处理过程中可能存在的偏差，以及其分析结果可能存在的影响；二是通过与环境风险指数的分析结果进行对比，在治理环境污染和治理环境风险两个视角下，明确财政支出的效应及其影响情况的差异；三是通过财政支出对二氧化碳和工业固体废弃物排放的治理效应进行比较，有助于判断财政支出在应对具有外溢性的环境风险时的效果，因为二氧化硫属于跨区域性污染，而工业固体废弃物的污染是局部的、本地区内的污染。

此外，为了进一步分析环境支出对不同类型环境风险的影响，在分析中还将分别对环境风险指数的四个方面，即生态环境恶化风险指数（$eriska$）、生态承载力超负风险指数（$eriskb$）、生态修复风险指数（$eriskc$）和环境衍生风险指数（$eriskd$）的关系进行研究，以明确环境风险治理的机制。

（二）主要解释变量

为明确财政支出和相关制度对环境风险的潜在影响，分别选择环境财政支出、财政分权（以财政自主性指标表示）作为主要的解释变量：

（1）人均环境支出（efe[①]）。选择省级环境保护支出作为主要的解释变量的原因主要基于两点考虑：一是环境保护支出是预算科目，资金来源稳定，不同地区的统计口径一致，二是该预算基本涵盖了环境保护、资源节约和生态修复等环境风险治理的全部方面，是当前我国环境治理资金的主要来源。

鉴于环境风险治理具有一定的时滞性，上一期的环保资金投入有助于降低本期的环境风险，因此在进行回归时，将环境支出滞后一期的数据 $efe_{(t-1)}$ 作为解释变量之一，并通过与 $efe_{(t)}$ 比较，来分析环境风险治理的滞后问题。

（2）地方财政自主性（fd）。用省本级财政预算收入/省本级财政预算支出表示（单位：百分比）。其中省本级的财政预算支出的资金来源包含了本级自有资金和来自中央的转移支付（包括一般转移支付、专项转移支付和税收返还），从公式表面的含义来看，该变量代表在地方的财政支出中有多少是可以通过其自有收入提供的，基准值为1，大于1表示自有收入可以维持支出，小于1表示自有收入不能维持支出。考虑到1994年分税制改革以来，我国多数地区都需要中央的转移支付来弥补地方自有收入和总支出的差额，因此该指标还代表了地方财政对中央的依赖度（陈硕、高琳，2012），数值越大表示对中央转移支付的依赖度越低，地方财政自主性越高，即财政分权度越高。

按照财政分权理论，中央向地方的财政分权度越高，即地方财政自主性越高时，公共物品供给效率越高，越有利于环境风险的降低。但同时随着分权度的提高，政府间关税收竞争加剧，政府可能会为了吸引税收而降低环境规制标准，进而引发新的环境问题。对此黄国宾和周业安（2014）以能源消耗和碳排放量为例，指出地方财政自主性提高与能源消耗量和碳排放量呈正相关，即地方财政自主性越强，能源消耗量和碳排放量越大。为了充分考察财政分权对环境风险的影响，将其作为主要的解释变量纳入模型之中。

(三) 控制变量

为了考察政府行为、市场等因素对环境风险的影响，分别选取了环境治理处罚力度等指标作为控制变量：

（1）人均GDP（$pergdp$）。根据现有研究，随着经济的发展环境污染程度呈现出先升后降的情况，称为环境库兹涅茨曲线。对此国内学者通过研究，普遍认为我国还处于环境库兹涅茨曲线拐点的左侧，即随着经济的增长，环境污染

[①] 括号内表示指标英文的简写，在利用Stata进行计算时，指标名称使用简写形式。

将进一步加剧。为此选择人均 GDP 指标近似代表经济的发展程度。

（2）市场化进程指数（*marketi*）。公共风险理论指出，市场也是化解风险的手段，并且随着化解市场风险能力提高，风险将会降低。为此，为控制市场化程度的提高对环境风险可能产生的影响，选取樊纲等（2011）编写的市场化相对进程指数作为衡量市场化程度的指标。该指数分别从"政府与市场关系""非国有经济的发展""市场产品的发育度""要素市场的发育"以及"市场中介组织和法律制度环境"五个方面建立指标，并通过指标的加权平均计算得出。值得注意的是，该指标体系中多数的指标数据通过问卷调查的方式获取，更加贴合我国的发展实际。

（3）产业结构（*structure*）。产业结构指第三产业占产业增加值的比重，一般来说第三产业比重较大时，由工业污染带来的环境恶化风险将降低，有助于缓解环境风险。

（4）科技发展（*research*）。科技进步有助于改进生产工艺，降低污染排放。由于科技发展的投入是衡量一个国家科技发展水平最重要的指标之一，同时考虑到国家鼓励倡导企业作为科技创新的主体，因此使用规模以上（规上）工业企业户均 R&D 人员投入来衡量地区间科技投入水平。

（5）教育程度（*education*）。教育程度提高，有助于人们增强环保意识，对降低环境风险有益。该指标用人口抽样数据中"大专及以上人数占总人数的比重"表示。

表 6-1 是环境支出的环境风险治理效应分析指标选择及说明：

表 6-1　环境支出的环境风险治理效应分析指标选择及说明

类型	指标	单位	指标含义	数据来源
被解释变量	环境风险指数（*erisk* 及 *eriska*、*eriskb*、*eriskc*、*eriskd*）	—	代表环境风险，其中 *eriska*、*eriskb*、*eriskc*、*eriskd* 分别代表生态环境恶化风险指数、生态承载力超负风险指数、生态修复风险指数、环境衍生风险指数	由第五章计算得出
	二氧化碳排放量（*carbon*）	万吨	代表具有外溢性的环境风险	统计数据
	工业固体废弃物量（*solidw*）	万吨	代表不具有外溢性的环境风险	统计数据

续表

类型	指标	单位	指标含义	数据来源
解释变量	人均环境支出（*efe*）	元/人	代表地方政府治理环境风险的直接投入情况	年度环境支出/人口规模
	人均滞后一期的环境支出（*efe*$_{(t-1)}$）	元/人	代表上一期环境支出，考察环境支出的滞后性	上一年度环境支出/人口规模
	财政自主性（*fd*）	—	代表地方财政自主性，考察财政分权对环境风险的影响	省级财政预算收入/省级财政预算支出
控制变量	人均GDP（*pergdp*）	元/人	代表经济发展的水平	GDP/人口规模
	市场化相对进程指数（*marketi*）	—	代表市场发展的成熟度	以市场化相对进程指数表示①
	第三产业占比（*structure*）	%	代表经济结构优化程度	第三产业占产业增加值的比重
	规上工业企业户均科技发展投入（*research*）	万人年/户	代表地区企业研发人力投入水平	规模以上企业 R&D 人员全时当量②/规模以上企业数量
	教育程度（*education*）	%	代表地区人口的文化程度	抽样调查中大专及以上学历人数占总抽样人数的比重

三、基本假设

根据变量指标的选定，初步假设解释变量和控制变量对被解释变量的影响情况（见表6-2），其中"+"代表解释变量与被解释变量的变化趋势一致，即随着解释变量数值的增加，被解释变量将出现正向的变化；"-"则代表两者变动方向相反，"不确定"表示两者间的关系不明确。

表6-2　初步假设各解释变量对环境风险（污染）的影响情况

被解释变量 解释变量	环境风险指数（*erisk*）	二氧化碳排放量（*carbon*）	一般工业固体废物生产量（*solidw*）
人均环境财政支出（*efe*）	不确定	不确定	不确定

---

① 樊纲，王小鲁，朱恒鹏．中国市场化指数——各地区市场化相对进程 2011 年报告 [M]．北京：经济科学出版社，2011．

② 研究与试验发展（R&D）人员全时当量指全时人员数加非全时人员按工作量折算为全时人员数的总和。该指标是国际上比较科技人力投入而制定的可比指标。

解释变量　　被解释变量	环境风险指数（erisk）	二氧化碳排放量（carbon）	一般工业固体废物生产量（solidw）
滞后一期的环境支出（$efe_{(t-1)}$）	-	-	-
财政自主性（fd）	+	+	+
人均GDP（pergdp）	+	+	+
市场化相对进程指数（marketi）	-	-	-
第三产业占比（structure）	-	-	-
规上工业企业户均科技发展投入（research）	-	-	-
教育程度（education）	-	-	-

根据上述判断，初步提出以下假设：

假设1：当期环境支出对环境风险的影响不确定，但上一期环境支出对当期环境风险具有负效应，增加上一期支出有助于减少当期环境风险。

按照现有预算科目安排，环境支出主要用于环境保护管理事务，其他还包括污染防治、自然生态保护、退耕还林还草、风沙荒漠治理、退牧还草、能源节约利用、污染减排、可再生能源、循环经济、能源管理事务等具体项目，通过人员、设备、物品等具体途径来降低环境风险，但无论是新项目的建设还是新设备的购置都需要一定的周期，因此每一期环境支出未必在当期发生作用，但一定会对下一期环境风险的降低发挥正向的作用。

假设2：环境支出通过源头治理实现环境风险降低，因此对生态环境恶化风险指数的影响要大于对环境修复风险指数的影响。

环境风险指数主要由四个方面的指数综合而成，包括生态环境恶化风险、生态承载力超负风险、生态修复风险和环境衍生风险。环境支出主要通过减少污染物的排放，实现源头风险防范来降低环境风险，因此从回归系数看，环境支出对生态环境恶化风险指数的影响要大于对环境修复风险指数的影响。

假设3：财政分权因素的存在弱化了财政支出对环境风险的治理效应。

按照财政分权理论，中央向地方的财政分权度越大，即地方财政自主性越高时，公共物品供给效率越高，越有利于环境风险的降低。但同时随着分权度的提高，政府间有关税收竞争加剧，可能会出现政府为了吸引税收而降低环境规制标准，进而引发新的环境问题。对此黄国宾和周业安（2014）以能源消耗和碳排放量为例，指出地方财政自主性提高与能源消耗量和碳排放量正相关，即地方财政自主性越强，能源消耗量和碳排放量越大。对此，假设财政自主性与环境风险之间负相关，即地方财政自主性越高，环境风险越低。

四、数据处理及描述性统计

上述变量采用 2010～2019 年全国 29 个省份（不包含西藏、新疆、香港、澳门及台湾）的面板数据，数据来自于《中国统计年鉴》《中国财政统计年鉴》《中国环境统计年鉴》等官方材料提供的数据。为剔除价格影响，将以 1978 年 GDP 为基数对人均 GDP、人均环境支出、规模以上企业科技发展支出进行平减。同时，为剔除异常数据，利用 Stata 进行了缩尾处理。

初步得到各变量的描述性统计（未进行缩尾处理前的原始数据）。从表 6-3 中可以看出，每个指标的数据量均为 290 个，其中环境风险指数最大的是 0.5，最小的是 0.3，二氧化碳排放量和固体废物排放量极差较大，表现在不同地区间的差距较大。从财政自主性来看，均值约为 51.0%，与当前分权下的财政自有收入和转移支付收入的比重相适应。从市场化相对进程指数和第三产业占比看，平均值分别为 6.56 和 48.18%，这两个指标数值越大，结果越好，从均值来看，当前我国总体市场化的发展程度良好。此外，不同地区间规模以上工业企业户均规上企业科技发展的投入差距不小，大专以上受教育人数占比保持在 13% 左右，最高 50.5%，最低仅为 4.6%。

表 6-3 各变量描述性统计结果[①]

变量	单位	（1）数量 N	（2）均值 mean	（3）标准差 sd	（4）最小值 min	（5）最大值 max
环境风险指数（erisk）	—	290	0.4	0.1	0.3	0.5
二氧化碳排放量（carbon）	万吨	290	368.2	300.2	37.1	1864

① 其中人均环境支出、人均 GDP、规模以上工业企业户均 R&D 投入均为按照 1978 年为基数进行平减，剔除价格因素的数据值。

变量	单位	（1）	（2）	（3）	（4）	（5）
		数量 N	均值 mean	标准差 sd	最小值 min	最大值 max
工业固体废物量（solidw）	万吨	290	11662	10130	212	52037
人均环境支出（efe）	元/人	290	60.1	44.2	16.8	320.5
财政自主性（fd）	%	290	51.0	19.1	14.8	93.1
人均 GDP（pergdp）	元/人	290	8048	4052	2384	24075
市场化相对进程指数（marketi）	—	290	6.56	1.822	2.3	10
第三产业占比（structure）	%	290	48.18	9.152	32.5	83.7
规上工业企业户均科技发展投入（research）	万人年/户	290	10227	4590	2764	26105
教育程度（education）	%	290	13.5	7.3	4.6	50.5

第三节　实证结果与分析

在进行回归分析之前，为了排除变量具有单位根而产生伪随机问题，首先对各变量进行单位根检验（LLC、IPS），结果显示均通过了检验，即变量不存在单位根，是平稳的时间序列。在此基础上，进一步利用 Hausman 检验，判断使用哪一种效应模型。经分析，确定为固定效应（FE）。利用 Stata15 对公式（6-1）和公式（6-2）对上述变量进行不同层面的面板回归分析，结果如下：

一、环境支出对环境风险的治理效应及影响分析

对上述变量进行不同层面的面板回归分析，得到表6-4。其中6列，分别以人均环境支出（efe）、滞后一期的人均环境支出（$efe_{(t-1)}$）、财政自主性（fd）为解释变量，以人均GDP（$pergdp$）、市场化指数（$marketi$）、第三产业占比（$structure$）、规模以上企业户均科技发展投入（$research$）、调查人口接受过高等教育的人比例（$education$）为控制变量的回归结果。此外，考虑到环境风险具有一定的滞后性，在分析中加入滞后一期的$erisk_{(t-1)}$，来反映环境风险的延续性（第7列）。

从结果来看，在调整不同的变量数值时，滞后一期的环境支出$efe_{(t-1)}$、财政自主性与环境风险之间存在负相关关系，并且回归系数在1%、5%和10%的条件下呈现显著，说明变量回归的结果可信度较高。

表6-4 环境支出、环境风险、财政自主性的回归结果

	（1）erisk	（2）erisk	（3）erisk	（4）erisk	（5）erisk	（6）erisk	（7）erisk
$erisk_{(t-1)}$							0.388 ***
							（6.147）
efe	0.011	−0.005	−0.01	−0.014	−0.015	−0.016	−0.011
	（0.557）	（−0.248）	（−0.489）	（−0.66）	（−0.697）	（−0.712）	（−0.553）
$efe_{(t-1)}$	−0.045 *	−0.063 **	−0.066 ***	−0.068 ***	−0.068 ***	−0.069 ***	−0.049 **
	（−1.815）	（−2.493）	（−2.629）	（−2.69）	（−2.682）	（−2.696）	（−2.042）
fd	−0.218 ***	−0.172 ***	−0.18 ***	−0.164 ***	−0.163 ***	−0.162 ***	−0.101 *
	（−4.43）	（−3.349）	（−3.53）	（−2.897）	（−2.871）	（−2.852）	（−1.875）
$pergdp$		0.0004 ***	0.0003	0.00028	0.0003	0.00026	0
		（2.724）	（1.649）	（1.574）	（1.615）	（1.289）	（1.078）
$marketi$			0.982 **	0.858 *	0.859 *	0.855 *	0.796 *
			（2.242）	（1.797）	（1.794）	（1.784）	（1.79）
$structure$				0.049	0.048	0.041	0.037
				（0.66）	（0.636）	（0.532）	（0.522）

续表

	（1） *erisk*	（2） *erisk*	（3） *erisk*	（4） *erisk*	（5） *erisk*	（6） *erisk*	（7） *erisk*
research					−0.00003 （−0.395）	−0.000027 （−0.295）	0 （−0.125）
education						0.051 （0.486）	0.024 （0.245）
_cons	53.405*** （17.263）	49.072*** （14.262）	44.704*** （11.38）	42.761*** （8.704）	43.111*** （8.62）	43.008*** （8.577）	24.134*** （4.337）
Observations	261	261	261	261	261	261	261
R-squared	0.087	0.116	0.135	0.137	0.137	0.138	0.263
模型类别	FE	FE	FE	FE	FE	FE	FE

注：括号内表示 t 值；*** 表示 p<0.01，** 表示 p<0.05，* 表示 p<0.1。

通过进一步分析回归结果，并结合上一节提出的假设，可以看出：

（一）环境支出具有正向的环境风险治理效应，但存在滞后性

按照公共风险理论指出的财政支出以降低环境风险为目标，形成了财政支出与环境风险之间存在着负相关关系的原假设。在考虑控制变量的情况下，无论是人均环境支出 *efe*，还是滞后一期的 $efe_{(t-1)}$，与环境风险 *erisk* 之间均呈现出负相关关系，即相关系数为负（第 2—6 列均论证了该结论）。但进一步考察相关系数的显著性，发现 t 期的人均环境支出对降低环境风险的效果不显著，反而滞后一期的 $efe_{(t-1)}$ 对环境风险有着显著的抑制作用，当人均环境支出增加 1%，将有助于促进下一期环境风险降低 0.069%。由此得到的启示是，在以风险最小化为导向的前提下，不仅要增加当期的环境支持，而且还要保持环境支出的持续性，以便形成环境风险治理的叠加效应。

（二）环境风险具有延续性，扩大化态势显著

从结果来看，以 $erisk_{(t-1)}$ 为自变量，与因变量 $erisk_t$ 的相关系数为正且显著，说明在保持其他变量不变的情况，上一期的环境风险会引起当期 *erisk* 放大，即上一期（以年为单位）的环境风险和废气污染排放将加剧本年度的环境风险和污染物排放量。同时，进一步比较系数的大小可以看出，$erisk_{(t-1)}$ 的系数为

0.388，而对环境影响具有抑制作用的 $efe_{(t-1)}$ 的系数为 -0.049，即从边际角度看，由上一期环境治理投入所带来的微弱的持续性正效应不足以应对上一期遗留的环境问题，因此将给本年度环境治理带来新的压力，久而久之，导致环境问题如滚雪球一样越积越大，环境风险也会不断聚集、放大。

（三）提高财政自主性有助于增强地方财力，降低环境风险

回归结果显示，在不同的控制变量下，提高财政自主性将有助于降低环境风险，并且从回归系数看，其抑制环境风险的效果要好于环境支出的效果。对此结论的解释是：从目前中央和地方的事权和支出责任来看，地方政府承担了主要的环境风险治理责任，这也可以从全国环境支出的央地比例直观反映。尽管有研究指出，随着地方财政自主性提高或称之为向地方让利，将提高地方GDP 竞争的内在冲动，进而造成环境污染增强的压力，但本书构建的模型给出了令人欣慰的结论，财政自主性提高有助于抑制环境风险。分析其原因，可能在于随着生态文明建设的持续推进，中央对地方的考核不再单纯地以 GDP 为主，而是将生态环境纳入考核，并实行终身责任制。在这一导向之下，获得更多财政自主权的地方政府，将生态修复、污染治理等与经济发展并重，健全了生态环境治理和风险应对的制度体系和治理机制，对于降低环境风险发挥了重要的作用。

（四）提高市场化程度将强化环境风险的程度

市场化指数刻画的是地区市场化的发展水平和程度。从回归结果看，该指标与环境风险呈现正相关关系。理由是市场化指数高，反映出市场在资源配置中发挥着决定性作用，非国有经济规模较大和要素市场化程度较高也推动经济活动更加频繁、流动性更强，必然带来"生产—分配—交换—消费"周期循环速度较快，进而带来更多资源消耗和污染物排放。

二、不同风险指标度量下的财政风险治理效应比较

为了更加准确地把握财政支出的环境风险治理效应，同时证明环境风险和污染排放间存在着本质差异，因变量分别选取了环境风险（erisk）、二氧化碳排放量（carbon）、工业固体废物排放量（solidw）三个指标，在自变量和控制变量保持不变的情况下，利用 Stata 进行面板回归分析，得到表6-5，共3列。

表 6-5　环境支出、环境问题（不同指标刻画）、财政自主性的回归结果

	（1） erisk	（2） carbon	（3） solidw
efe	-0.016	0.249	-80.435 **
	(-0.712)	(0.892)	(-2.273)
efe$_{(t-1)}$	-0.069 ***	-0.486	0.113
	(-2.696)	(-1.507)	(0.003)
fd	-0.162 ***	-0.623	-96.132
	(-2.852)	(-0.867)	(-1.054)
pergdp	0	0.008 ***	1.276 ***
	(1.289)	(3.1)	(3.909)
marketi	0.855 *	7.53	-380.341
	(1.784)	(1.244)	(-0.495)
structure	0.041	-1.635 *	93.889
	(0.532)	(-1.699)	(0.769)
research	0	-0.002 **	-0.25 *
	(-0.295)	(-2.062)	(-1.683)
education	0.051	-1.686	-287.54 *
	(0.486)	(-1.265)	(-1.701)
_cons	43.008 ***	395.365 ***	14553.835 *
	(8.577)	(6.246)	(1.812)
Observations	261	261	261
R-squared	0.138	0.087	0.115
模型类别	FE	FE	FE

注：括号内表示 t 值；*** 表示 p<0.01，** 表示 p<0.05，* 表示 p<0.1。

从回归结果可以看出：

（一）环境支出具有积极的风险治理效应

从 efe 和滞后一期的 efe$_{(t-1)}$ 可以看出，环境支出对于环境风险治理具有一定的滞后性，但当期财政支出对当期产生的工业固体废物的处理相对有效。

（二）环境支出对非外溢性（固体废弃物）污染排放治理效果较优

通过对比财政支出对二氧化碳和工业固体废弃物排放的治理效应，有助于判断财政支出在应对具有外溢性的环境风险时的效果。从结果来看，具有污染外溢性（由于污染可流动性对其他地区造成的外部不经济问题）的二氧化碳排放量的滞后效应显著，而流动性较弱的环境污染问题，如本辖区内产生的固体废弃物的滞后效应不显著，但当期治理效果显著。这说明空气污染更容易产生持续的负面影响，因此治理的难度也相对较大。这与我们的客观感受相吻合。

（三）以综合指数来刻画环境风险问题更加准确

结合上述观点，一方面进一步印证了环境支出具有积极的风险治理效应。另一方面，若以碳排放、工业固体废物排放等传统指标来衡量环境风险，尽管随着环境支出的不断增加，指标数值下降，但环境风险却并没有降低，并且伴随着上一期环境风险带来的延后效应，环境风险不降反增。这充分说明了，应当以综合风险作为评判环境问题恶化和政府治理效果的衡量指标。

（四）环境支出对碳排放治理不显著

目前，碳达峰和碳中和成为新一轮环境治理的重要目标。但从回归结果看，无论是当期，还是滞后一期的环境支出，对减碳来说效果不够显著。这给了我们深刻的提示，要把握自然界碳排放和碳吸收的规律，建立起可实现的碳循环机制，不能一味地靠政府增加投入，而是需要多方协调，多措并举。

三、财政支出环境风险治理效应的传导机制分析

为进一步明确环境支出是通过何种渠道来实现环境风险治理目标的，对环境指数的四个方面，即生态环境恶化风险指数（$eriska$）、生态承载力超负风险指数（$eriskb$）、生态修复风险指数（$eriskc$）和环境衍生风险指数（$eriskd$）与环境风险 efe、$efe_{(t-1)}$ 的关系进行研究，得到表6-6。

表6-6　环境支出、环境指数（细化指标）、财政自主性的回归结果

	（1） eriska	（2） eriskb	（3） eriskc	（4） eriskd
efe	0.012	-0.039	-0.01	0.03
	(0.394)	(-1.304)	(-0.266)	(0.485)
$efe_{(t-1)}$	-0.034*	0.158*	0.026	-0.147**
	(-1.7)	(1.661)	(1.091)	(-2.02)
pergdp	0.001***	0	0	0
	(3.415)	(-0.354)	(0.072)	(-0.759)
marketi	-0.935	-1.428**	0.703	4.505***
	(-1.496)	(-2.233)	(0.909)	(3.394)
structure	-0.105	0.01	0.022	0.188
	(-1.129)	(0.275)	(0.193)	(0.953)
research	0	0	0	0
	(1.212)	(1.515)	(-0.733)	(-1.006)
education	0.022	0.103	0.243	0.118
	(0.158)	(0.71)	(1.39)	(0.392)
_cons	38.451***	34.601***	62.487***	-9.053
	(9.827)	(8.646)	(12.91)	(-1.09)
Observations	261	261	261	261
R-squared	0.08	0.045	0.086	0.095
模型类别	FE	FE	FE	FE

注：括号内表示t值；*** 表示p<0.01，** 表示p<0.05，* 表示p<0.1。

从结果来看：

（一）当期环境支出对各类环境风险指数的影响依旧不显著

与环境风险综合指数 erisk 相似，当期环境支出对四个指数的影响依旧不显著，说明寄期望于增加环境支出来实现立竿见影的治理效果行不通。

（二）上一期环境支出有助于降低环境恶化风险和衍生风险

滞后一期的环境支出对四个指数均有显著的影响，其中随着上一期环境支出的增加，本期的生态环境恶化风险（eriska，主要是各类污染物的排放），环

境衍生风险（*eriskd*，由生态环境恶化带来经济、社会风险等）将有所降低。但值得注意的是，环境支出将在下一期引起生态承载力超负风险指数（*eriskb*）、生态修复风险指数（*eriskc*）的不断加大。

（三）要通过源头治理来实现财政的风险治理效应

从回归系数绝对值看，环境支出对环境恶化风险指数的影响要大于对环境修复风险指数的影响，主要通过减少污染物的排放、从源头风险防范来降低环境风险，因此要重视环境问题的风险化趋势，遵循风险治理的特点，从源头上做好预警和防范，避免陷入"头痛医头、脚痛医脚"的误区。

第四节　稳健性检验

为进一步印证模型的稳健性，将关键解释变量人均环境支出 *efe* 替换为环境财政总支出 *efe-total*，并将财政自主性 *fd* 替换为地方政府竞争 *fdi*，保持其他控制变量不变，再次进行回归，得到表 6-7。其中，政府竞争是地方政府为了吸引资本技术等生产要素而在投资环境、法律制度、政府效率等方面开展的跨区域竞争，在文献综述中提出地方政府为了提高竞争的优势，往往可能会出现竞次性进而提高环境风险。为此，这里选择将地方政府竞争努力度作为衡量地方政府"重经济而轻环境"偏好的一种测度。参考以往研究，地方政府竞争（FDI）用各省利用外商直接投资占全国的比重来衡量，该变量取值越高，说明地方竞争越激烈，由此所产生的环境问题越严重。

其中，在保持控制变量不变，保持自变量 *fd* 不变的情况下，将人均环境支出 *efe* 调整为 *efe-total*，得到第（1）列；在保持控制变量不变，将自变量分别调整为环境财政总支出 *efe-total*、地方政府竞争 *fdi* 来进行回归，得到第（2）列；将被解释变量 *erisk* 分别替换为环境恶化风险 *eriska*、二氧化碳排放量 *carbon* 和工业固体废物 *solidw*，得到第（3）~（5）列。从稳健性结果来看，回归结果和显著性变现与未替换变量之前的结论一致，滞后一期的环境支出对环境风险综合指数（*erisk*）、环境风险恶化指数（*eriska*）均有显著的抑制效应，而对碳排放的影响不够显著，当期环境总支出对当期工业固体废物排放具有较强的抑制作用。此外，调整解释变量和被解释变量后，人均 GDP（*pergdp*）、市场

化指数 *marketi* 以及研发投入 *research* 的显著性出现了一定的变化。

从上述分析可以看出，即使替换关键变量，结论依然成立，说明实证分析结论稳定，值得信赖。

表 6-7 稳健性检验

	(1) erisk	(2) erisk	(3) eriska	(4) carbon	(5) solidw
efe-total	−0.002 (−0.273)	−0.002 (−0.198)	−0.007 (−0.645)	0.032 (0.323)	−22.635* (−1.789)
efe-total$_{(t-1)}$	−0.015* (−1.687)	−0.015* (−1.684)	−0.027** (−2.111)	−0.119 (−0.981)	−2.819 (−0.183)
fd	−0.154*** (−2.658)			−0.527 (−0.731)	−99.803 (−1.09)
fdi		0.622*** (4.031)	0.158 (0.778)		
pergdp	0 (1.251)	0.001** (2.242)	0.001*** (4.612)	0.009*** (2.991)	1.419*** (3.83)
marketi	0.821* (1.676)	0.221 (0.468)	−1.102* (−1.768)	7.021 (1.153)	−351.709 (−0.455)
structure	0.006 (0.073)	0.105 (1.53)	−0.01 (−0.113)	−1.489 (−1.545)	72.475 (0.592)
research	0 (−0.139)	0 (−0.073)	0 (1.158)	−0.002** (−2.072)	−0.24 (−1.612)
education	0.012 (0.115)	−0.036 (−0.344)	−0.02 (−0.144)	−1.811 (−1.358)	−331.316* (−1.956)
_cons	42.483*** (8.161)	30.337*** (9.95)	34.353*** (8.549)	381.676*** (5.9)	13924.572* (1.695)
Observations	261	261	261	261	261
R-squared	0.106	0.14	0.116	0.082	0.108

注：括号内表示 t 值；*** 表示 p<0.01，** 表示 p<0.05，* 表示 p<0.1。

本章小结

通过上述分析可以看出，环境支出是治理环境风险的有力手段，但同时也受到滞后效应、财政分权等因素影响。实证分析结果对环境风险治理实践所带来的启示主要有以下几点：

（一）应当注重对环境风险不断累积问题的防范

实证分析结果指出环境风险存在显著的滞后性问题，这对于环境风险治理的启示主要有三个方面：

一是，环境风险的累积量并不等同于不同年份环境风险之间的简单加和，而是"1+1>2"的问题，这将会呈现成倍或者指数级增长的趋势，如同滚雪球一样，环境风险指数在不断累积中不断提高，环境问题的复杂程度也将进一步加大。

二是，随着环境风险不断累积，环境风险治理资金的需求也将成倍或者指数级增加，这会导致环境风险治理的资金缺口越来越大。而资金投入不足会削弱当期环境风险治理效应，造成环境问题再一次累积，如此循环之下环境风险急剧升级。

三是，降低本期的环境风险将会有效地减少下一年的环境风险。从短期来看，这一结论的启示是尽可能把当期产生的环境风险降到最低，避免累积。若从代际的角度来看，就是尽可能在当代人的发展周期内解决环境风险，而不要留给下一代。

（二）应当注重风险治理的特点并强化源头控制

在以风险为导向实施环境治理时，要遵循风险治理的逻辑和特点，重视环境问题的风险化趋势，从源头上做好预警和防范。

此外，通过财政支出对二氧化碳和工业固体废弃物排放的治理效应的比较，空气污染更容易产生持续的负面影响，治理的难度也相对较大。面对当前碳达峰和碳中和的环境治理新任务，需要各方协调，多措并举。

（三）应发挥考核指挥棒作用，调动地方环境治理的积极性

随着生态文明建设的持续推进，中央对地方的考核将生态环境纳入考核，并实行终身责任制。在这一导向之下，获得更多财政自主权的地方政府，将生态修复、污染治理等与经济发展并重，对于降低环境风险发挥了重要的作用。

（四）应当注重发挥社会力量、运用市场手段来加强环境风险治理

市场化进程的提速，会加快经济循环的速度，增加当期的环境风险。同时，由于环境风险带来的经济社会发展衍生风险也会进一步显现。市场对此做出反应，通过强化污染治理能力来抵抗风险，尽可能降低由此带来的损失。对此，在当前环境治理的实践中，除了要强化政府作为环境治理主体所承担的环境风险治理职能外，还要充分地发挥社会力量在环境风险治理中的作用。同时，注重通过不断完善市场机制来更好地发挥市场对环境风险的治理作用。这一结论与公共风险理论所蕴含的在以公共风险为目标的政府向社会、向市场的分权逻辑相吻合，也符合当前我国的改革实践。

第七章

财政支出的环境风险治理效应分析

　　财政支出是政府治理环境风险的间接手段，通过平衡不同风险来化解环境风险。提高财政支出环境治理正效应，有助于把解决环境风险的视角，从占GDP 比重不足 0.6% 的环境支出，扩展到占 GDP 比重超过 20% 的财政支出，在环境支出有限的情况下，对探索解决环境问题的有效途径十分有益。本章将着重分析财政支出总结构对环境风险治理效应的影响，重点判断财政支出风险治理效应的传导机制。

第一节　计量模型与估计方法

一、计量模型

　　由于本章重点考察财政支出结构对环境风险治理效应的影响，为此在第六章的计量模型基础上，将财政支出分为环境支出、非经济性支出、建设支出（考虑到政府债券主要投向基础设施建设项目，以政府债务为衡量）一并作为解释变量。建立的计量模型可以表述为：

$$erisk_{it} = \alpha_0 + \alpha_1 efe_{it} + \alpha_2 pfe_{it} + \alpha_3 gd_{it} + \alpha_{it} X_{it} + \varepsilon_{it} \tag{7-1}$$

　　同时考虑财政支出的滞后性，将上述自变量的滞后一期变量代入计算。

二、变量的含义及数据来源

（一）被解释变量

$erisk_{it}$ 表示第 i 个省第 t 年的环境风险指数，由第五章构建的环境风险综合评价指标体系计算得出。此外，为检验财政支出对环境风险的具体影响，分别以 $eriska$、$eriskb$、$eriskc$、$eriskd$ 代表生态环境恶化风险指数、生态承载力超负风险指数、生态修复风险指数、环境衍生风险指数，以便分析在财政支出变化时，不同类型环境风险指数的变化情况。

（二）解释变量

主要选择两个变量作为解释变量：

（1）人均环境支出（efe_{it}）：表示第 i 个省第 t 年的人均环境财政支出，用各省财政支出与人口的比值表示。

（2）人均非经济性支出（pfe_{it}）：表示第 i 个省第 t 年人均非经济性支出，该变量从结构的角度，衡量以人为本的财政支出结构转变对环境风险的影响。其中，按照第一章对非经济性支出的定义，非经济性支出共包含了五个方面，即教育支出、科技支出、文化体育与传媒支出、社会保障与就业支出、医疗卫生支出，通过加和计算得出某年某个省的人均数额。

（3）政府债务（gd_{it}）：表示第 i 个省第 t 年地方政府产生的新增债务规模。2014 年以来，我国允许地方政府对于建设投资的部分资金，可以在国务院确定的限额内，通过发行地方政府债券举借债务的方式筹措，是省以下财政推动公益性基础设施建设的重要力量，也进一步改变了地方政府的支出结构。该变量考察政府债务对环境风险问题的影响。

考虑到 2015 年我国才实施地方政府债券的限额管理，因此 2015 年以后的债务数据以每年新增的专项债和一般债的限额数来近似代表。2015 年之前的数据以审计署三次债务审计数的变化量来衡量。

（4）财政自主性（fd）：基于对已有研究的回顾，财政分权所导致的政府竞争行为，会对政府的支出结构产生影响，具体表现为财政分权会提高（一些学者认为是降低）非经济性支出的比重，如教育、医疗等。为了剔除因财政分权所导致的政府非经济性支出比重的变化，在模型中增加了非经济性支出比重与财政分权（以政府财政自主性表示）的交叉项。

（三）控制变量

（1）税负（*taxb*）：税收作为组织财政收入的手段，同时也是调节纳税人经济行为的因素。目前，我国已形成了包括环保税、资源税、消费税等为组成部分的绿色税体系，通过规范销售和消费的行为，起到对绿色发展的引领作用。为此，用某省税收收入与 GDP 的比例表示，用于考察税收（含资源税）对环境风险的潜在影响；

（2）人均 GDP（*pergdp*）：人均 GDP 指标近似代表经济的发展程度。

（3）市场化进程指数（*marketi*）：利用樊纲等给出的各省市场化进程指数来反映市场化发展程度提升对环境风险的影响。

（4）产业结构（*structure*）：用第三产业占产业增加值的比重来代表产业结构，以反映产业结构优化对环境风险的影响。

（5）教育程度（*education*）：教育程度提高，有助于增强环保意识，对降低环境风险有益。该指标用人口抽样数据中"大专及以上学历人数占总人数的比重"表示。

表 7-1 是环境支出的环境风险治理效应分析指标选择及说明：

表 7-1　环境支出的环境风险治理效应分析指标选择及说明

类型	指标	单位	指标含义	数据来源
被解释变量	环境风险指数（*erisk* 及 *eriska*、*eriskb*、*eriskc*、*eriskd*）	—	代表环境风险	由第五章计算得出
解释变量	人均环境支出（*efe*）	元/人	代表地方政府治理环境风险的直接投入情况	环境支出/人口规模（以常住人口计算）

类型	指标	单位	指标含义	数据来源
解释变量	人均非经济性支出（pfe）	元/人	代表地方政府改善非经济性投入	非经济性支出/人口规模（以常住人口计算）
	政府债务（gd）	亿元	代表地方举债进行经济建设投入	根据财政部、国家审计署等部门公开数据整理
	财政自主性（fd）	—	代表地方财政自主性，考察财政分权对环境风险的影响	省本级财政预算收入/省本级财政预算支出
	以上变量滞后项	—	代表上一期各变量的值，考虑自变量影响的滞后性	—
控制变量	税负（taxb）	%	用于考察税收（含资源税）对环境风险的潜在影响	税收收入/GDP
	人均GDP（pergdp）	元/人	代表经济发展的水平	GDP/人口规模
	市场化相对进程指数（marketi）	—	代表市场发展的成熟度	以市场化相对进程指数表示①
	第三产业占比（structure）	%	代表经济结构优化程度	第三产业占产业增加值的比重
	教育程度（education）	%	代表地区人口的文化程度	抽样调查中大专及以上学历人数占总抽样人数的比重

三、基本假设

根据变量指标的选定，初步假设解释变量和控制变量对被解释变量的影响情况（表7-2），其中"+"代表解释变量与被解释变量的变化趋势一致，即随着解释变量数值的增加，被解释变量将出现正向的变化；"-"则代表两者变动方向相反，"不确定"表示两者间的关系不明确。

---

① 樊纲，王小鲁，朱恒鹏. 中国市场化指数——各地区市场化相对进程2011年报告［M］. 北京：经济科学出版社，2011.

表 7-2　初步假设各解释变量对环境风险的影响情况

被解释变量 解释变量	环境风险指数 erisk
人均环境支出（efe）	−
人均非经济性支出（pfe）	−
政府债务（gd）	+
财政自主性（fd）	+
税负（taxb）	−
人均 GDP（pergdp）	−
市场化相对进程指数（marketi）	−
第三产业占比（structure）	−
教育程度（education）	

四、数据处理及描述性统计

上述变量采用 2010～2019 年全国 29 个省份（不包含西藏、新疆、香港、澳门及台湾）的面板数据，数据来自《中国统计年鉴》《中国财政统计年鉴》《中国环境统计年鉴》等官方材料提供的数据。为剔除价格影响，将以 1978 年的 GDP 为基数对人均 GDP、人均环境支出、人均非经济性支出、政府债务进行平减。同时，为剔除异常变量，在进行回归之前利用 Stata 进行了缩尾处理。

表 7-3 是各变量的描述性统计：

表 7-3　各变量描述性统计结果①

变量	单位	(1) 数量 N	(2) 均值 mean	(3) 标准差 sd	(4) 最小值 min	(5) 最大值 max
环境风险指数	—	290	0.406	0.0509	0.296	0.527
人均环境支出（efe）	元/人	290	60.05	44.19	16.75	320.5
人均非经济性支出（pfe）	元/人	290	820.6	361.53	283.42	2307.5
政府债务（gd）	亿元	290	981.07	499.97	121.01	3111.3

---

① 其中人均环境支出、人均 GDP、规模以上工业企业户均科技发展投入均为按照 1978 年为基数进行平减，剔除价格因素的数据值。

变量	单位	(1)	(2)	(3)	(4)	(5)
		数量 N	均值 mean	标准差 sd	最小值 min	最大值 max
财政自主性 (*fd*)	—	290	50.98	19.08	14.83	93.14
税负 (*taxb*)	%		8.72	2.8	4.487	18.824
人均 GDP (*pergdp*)	元/人	290	50.98	19.08	14.83	93.14
市场化相对进程指数 (*marketi*)	—	6.562	1.822	2.33	10	6.562
第三产业占比 (*structure*)	%	48.18	9.152	32.46	83.69	48.18
教育程度 (*education*)	%	13.46	7.275	4.559	50.49	13.46

第二节 实证结果与分析

按照第六章数据分析的步骤，利用 Stata15 进行回归（结果见表 7-4），可以看出：

一、考虑支出结构下财政支出对环境风险的治理效应分析

（一）环境支出对环境风险治理效果显著

在考察支出结构时，即引入人均非经济性支出（*pfe*）后，增加人均环境支出（*efe*）对当期的环境风险治理产生了显著的影响，从表 7-4 第一行可以看出，回归系数均显著为负。说明与其他支出相比，环境支出是降低环境风险的直接因素。但政府通过实施"以人为本"的非经济性财政时，却引发了新的环境风险，表现在人均非经济性支出（*pfe*）的回归系数显著为正。

（二）增加政府债务不利于环境风险的化解

2014 年以后，政府债务作为地方政府推进非公益性基础设施建设的合法资金来源，在完善地方公共服务水平方面发挥了重要的作用。从实践来看，政府发行一般债券和专项债券所筹集的资金都是用于公益性基础设施建设，前者侧重于无收益的项目，后者则针对有收益的项目，包括垃圾处理、污水处理设施

等。尽管这些资金在一定程度上对提高环境污染治理提供了支撑，但从分析结果看，政府债务（*gd*）的回归系数显著为正，说明增加政府债务将引发更大的环境风险，其原因在于政府债务往往带来大量工程项目，进而引发资源消耗、承载压力加大等风险，因此政府债务增加不利于环境风险化解。

（三）运用税收手段化解环境风险效果有限且不显著

为弥补文中关于财政风险治理手段只侧重于研究财政支出的不足，分析中将税收引入回归模型进行讨论。但从结果来看，税负（*taxb*）回归系数为正且不显著。这意味着改变税收负担的程度对环境风险的影响效果不显著。主要原因可能是不同税种对环境影响的结果出现了分化，比如增值税增加不利于环境风险化解，而资源税、环境税、消费税等增加又有助于环境风险化解，相抵消之后效果反而不够显著。

（四）提高财政自主性有助于促进环境风险的化解

与第六章分析结论相似，提高财政自主性（*fd*）并没有产生预期中的加剧环境风险的压力，反而得到了显著降低环境风险的结果。说明在以绿色发展和生态文明建设为导向的新阶段，应积极发挥地方财政对风险的治理作用。

（五）推动市场化进程可能会引发新的环境问题

在市场化方面，这一结论与第六章类似，因此不再赘述。

表 7-4　环境风险、财政支出、政府债务、财政自主性的回归分析

	（1） *erisk*	（2） *erisk*	（3） *erisk*	（4） *erisk*	（5） *erisk*	（6） *erisk*	（7） *erisk*
efe	−0.04 ** （−2.455）	−0.05 *** （−3.039）	−0.054 *** （−3.16）	−0.06 *** （−3.274）	−0.055 *** （−3.257）	−0.051 *** （−2.868）	−0.053 *** （−2.906）
pfe	0.005 *** （3.791）	0.004 *** （3.118）	0.004 *** （3.009）	0.003 ** （2.136）	0.002 * （1.703）	0.003 * （1.736）	0.003 * （1.785）
gd	0.002 ** （2.119）	0.001 * （1.723）	0.002 （1.616）	0.002 * （1.811）	0.002 * （1.652）	0.002 * （1.657）	0.002 * （1.692）
fd		−0.157 *** （−3.334）	−0.192 *** （−3.092）	−0.188 *** （−3.027）	−0.186 *** （−3.001）	−0.201 *** （−3.107）	−0.198 *** （−3.029）

续表

	（1） *erisk*	（2） *erisk*	（3） *erisk*	（4） *erisk*	（5） *erisk*	（6） *erisk*	（7） *erisk*
taxb		0.219 （0.871）	0.246 （0.972）	0.117 （0.454）	0.117 （0.453）	0.109 （0.423）
pergdp				0.0001 （0.901）			
marketi					0.761 * （1.705）	0.81 * （1.796）	0.806 * （1.787）
structure						−0.061 （−0.817）	−0.069 （−0.906）
education							0.042 （0.511）
_cons	36.492 *** （31.235）	46.616 *** （14.361）	46.573 *** （14.34）	45.81 *** （13.643）	43.462 *** （11.699）	46.062 *** （9.415）	45.89 *** （9.344）
Observations	290	290	290	290	290	290	290
R−squared	0.074	0.112	0.115	0.118	0.125	0.127	0.128
模型类型	FE	FE	FE	FE	FE	FE	FE

注：括号内表示 t 值；*** 表示 $p<0.01$，** 表示 $p<0.05$，* 表示 $p<0.1$。

二、考虑支出结构下财政支出对环境风险的滞后效应分析

考虑到环境风险和财政支出治理的滞后性，分别引入上一期的环境风险指数（$erisk_{(t-1)}$）、上一期的人均环境支出（$efe_{(t-1)}$）、上一期的人均非经济性支出（$pfe_{(t-1)}$）、上一期的政府债务（$gd_{(t-1)}$）进行回归分析，可以看出：

（一）环境风险会随着时间的推移不断积累、放大

与第六章结论相似，上一期的环境风险（$erisk_{(t-1)}$）对当期环境风险（$erisk$）具有显著的促进作用，两者的回归系数显著为正，说明环境风险如不及时有效化解，将不断积累放大，可能产生质变。

（二）在考虑滞后因素下，不同类型的财政支出效果异化

在考虑滞后因素下，人均环境支出（efe）依然保持着显著的风险治理效

应，而上一期的人均非经济性支出（$pfe_{(t-1)}$）的增加，将促进本期环境风险（$erisk$）的放大，这进一步印证了财政支出内部的风险治理效应出现了分化。

（三）政府债务不会带来延续性的环境问题

政府债务通过实施一系列基础设施建设，引发新的环境问题，但通过滞后性分析来看，这种不利于环境风险化解的因素将不会持续，即上一期的政府债务（$gd_{(t-1)}$）不会增加本期的环境风险（$erisk$），这从回归系数的显著性上可以看出（见表7-5）。

表7-5　环境风险、财政支出（滞后）、政府债务（滞后）、财政自主性的回归分析

	（1） erisk	（2） erisk	（3） erisk	（4） erisk	（5） erisk
$erisk_{(t-1)}$	0. 395 *** (6. 283)	0. 37 *** (5. 829)	0. 368 *** (5. 754)		
$efe_{(t-1)}$	−0. 044 ** (−2. 368)	−0. 057 *** (−2. 905)	−0. 064 *** (−2. 995)	−0. 062 ** (−2. 449)	−0. 069 *** (−2. 659)
$pfe_{(t-1)}$	0. 005 *** (3. 972)	0. 005 *** (3. 158)	0. 003 * (1. 654)	0. 002 (0. 526)	0. 003 (0. 609)
$gd_{(t-1)}$	0. 001 (0. 867)	0. 001 (0. 909)	0. 001 (1. 131)	0. 001 (0. 688)	0. 002 (0. 904)
fd		−0. 13 ** (−2. 13)	−0. 121 * (−1. 824)	−0. 142 *** (−2. 745)	−0. 186 *** (−2. 642)
$taxb$		0. 243 (1. 01)	0. 182 (0. 708)		0. 238 (0. 858)
$pergdp$			0 (0. 737)		
$marketi$			0. 61 (1. 252)		0. 606 (1. 195)
$structure$			−0. 03 (−0. 378)		−0. 063 (−0. 71)
$education$			0. 036 (0. 367)		0. 115 (1. 18)

续表

	（1） erisk	（2） erisk	（3） erisk	（4） erisk	（5） erisk
efe				-0.019	-0.023
				（-0.863）	（-1.023）
pfe				0.005	0.003
				（1.024）	（0.674）
gd				0	0.001
				（-0.042）	（0.292）
_cons	21.937 ***	28.612 ***	25.797 ***	45.519 ***	43.647 ***
	（8.216）	（6.373）	（4.19）	（12.111）	（7.633）
Observations	261	261	261	261	261
R-squared	0.247	0.262	0.274	0.151	0.168
模型类型	FE	FE	FE	FE	FE

注：括号内表示 t 值；*** 表示 p<0.01，** 表示 p<0.05，* 表示 p<0.1。

三、财政支出对不同类型环境风险治理效应分析

分别考察不同结构的支出对各类环境风险（eriska、eriskb、eriskc、eriskd 分别代表生态环境恶化风险指数、生态承载力超负风险指数、生态修复风险指数、环境衍生风险指数）的影响，从回归结果来看（见表 7-6）：

表 7-6　不同类环境风险、财政支出、政府债务的回归分析

	（1） eriska	（2） eriskb	（3） eriskc	（4） eriskd
efe	-0.012	-0.042 *	0.01	-0.079
	（0.476）	（-1.694）	（0.333）	（-1.522）
pfe	0.01 ***	0.003	-0.008 **	-0.005
	（3.676）	（1.046）	（-2.515）	（-0.838）
gd	-0.001	0.01	-0.004 **	-0.002
	（0.232）	（0.494）	（2.39）	（0.546）
fd	0.177 *	-0.125	-0.193 *	-0.707 ***
	（1.965）	（-1.384）	（-1.893）	（-3.803）

137

	（1） *eriska*	（2） *eriskb*	（3） *eriskc*	（4） *eriskd*
taxb	-1.013 ***	0.356	0.789 *	1.106
	(-2.839)	(.994)	(1.958)	(1.505)
marketi	-0.703	-0.93	1.316 *	4.197 ***
	(-1.127)	(-1.485)	(1.869)	(3.267)
structure	-0.258 **	0.008	0.138	-0.128
	(-2.444)	(0.076)	(1.161)	(-0.588)
education	0.189 *	-0.036	0.211	-0.131
	(1.672)	(-0.314)	(1.648)	(-0.564)
_cons	40.353 ***	42.409 ***	58.793 ***	32.936 **
	(5.945)	(6.224)	(7.673)	(2.356)
Observations	290	290	290	290
R-squared	0.108	0.03	0.121	0.106
模型类型	FE	FE	FE	FE

注：括号内表示 t 值；*** 表示 p<0.01，** 表示 p<0.05，* 表示 p<0.1。

（一）环境支出对降低环境承载压力具有显著的影响

环境支出（*efe*）对降低环境风险具有显著的正向作用，从内部结构来看，主要是通过降低生态承载力超负风险的（*eriskb*）来实现的，两者回归系数显著为负，为-0.042。

（二）非经济性支出有助于降低生态修复风险，但会带来恶化风险

非经济性支出对环境恶化风险（*eriska*）、生态修复风险（*eriskc*）有两种截然相反的作用结果。一方面，非经济性支出通过加大对人的教育、医疗、文化、住房保障等方式提高了环境恶化风险（*eriska*），另一方面又通过科技的力量和公众意识提高了环境修复能力（*eriskc*），从系数大小来看，前者的影响大于后者。

（三）增加政府债务有助于降低生态修复风险

政府债务（*gd*）从总体上来说增加了环境风险，但通过进一步分析可以看出，政府债务在减少环境修复风险（*eriskc*），即提升环境污染治理能力方面是

有益的，原因是政府债务主要的去向是有利于污染治理的设施和工程。

（四）税收有助于促进环境恶化风险，但将增加生态修复风险

税收作为政府调节经济的主要手段，在降低环境污染方面发挥了重要作用。*taxb* 对 *eriska* 的回归系数显著为负，说明增加税收的比重有助于降低由污染排放加大带来的环境恶化风险。

第三节 稳健性检验

为了验证回归结果的稳健性，分别将人均环境功能支出 *efe*、人均非经济性支出 *pfe* 用总量（*total*）来替换人均，同时把反映政府为经济发展竞争的变量由财政自主性替换为政府竞争（*fdi*），再次进行回归结果可以得到表 7-7。从结果来看主要变量的结论并无较大变化。增加环境支出有助于降低当期环境风险，而以非经济性为主的支出、政府债务规模的加大，将不利于环境风险的减少。政府为经济发展而产生的竞争（*fdi*）以及市场化程度的加大，刺激了经济建设领域投资的加大，并由此引发了新的环境风险。此外，在分别考虑 *fd* 和 *fdi* 的情况下，税收负担的系数出现了差异，并且在政府加大竞争的情况下，产生了减小环境风险的机制。在国家绿色发展考核导向下，政府间竞争时会优先考虑绿色、节能行业，由此带来的绿色税收效应可以有效降低环境风险。

表 7-7 稳健性检验

	(1)	(2)
	erisk	*erisk*
efe-total	−0.043 **	−0.038 **
	(−2.388)	(−2.16)
pfe-total	0.007 *	0.006 *
	(1.736)	(1.654)
gd	0.003 **	0.003 **
	(2.138)	(2.185)

续表

	(1)	(2)
	erisk	erisk
fd	−0.177 ***	
	(−2.689)	
fdi		0.62 ***
		(4.159)
taxb	0.065	−0.451 **
	(0.252)	(−2.261)
marketi	1.458 ***	1.29 ***
	(3.288)	(2.945)
structure	0.041	0.111
	(0.545)	(1.58)
education	0.065	0.061
	(0.792)	(0.766)
_cons	38.701 ***	29.286 ***
	(7.502)	(7.803)
Observations	290	290
R-squared	0.131	0.163
模型类型	FE	FE

注：括号内表示 t 值；*** 表示 p<0.01，** 表示 p<0.05，* 表示 p<0.1。

第四节　财政支出对环境风险治理的机制分析

一、财政支出中存在着能引发正向或负向环境治理效应的成分

总体来看，财政支出对环境风险治理的效应不显著，这意味着在财政支出的内部还存在着其他的、可以引起环境风险治理负效应的因素。

对于这一问题，可以从"财政支出—经济发展—环境污染"的角度进行分析。根据环境库兹涅茨曲线的描述，当人均收入在曲线"拐点"左侧时，随着

经济的增长将引发环境污染程度的加剧。这也意味着，在我国，高能耗、高排放的粗放型产业发展结构尚未有效完成向低能耗、低排放的绿色化发展模式转变时，当财政支出投向经济建设领域，并以促进经济发展为目标时，将引发环境污染和环境风险的加剧。这种现象也表明了在现有的治理投入和治理力度下，环境治理所带来的环境风险减小程度低于经济发展所引发的环境污染和破坏速度，导致环境风险不断累积，增加了环境风险治理的难度。因此，以经济增长为目的的财政支出是引发环境治理负效应的主要因素。随着经济支出规模不断增加，抵消了由环境支出、非经济性支出所带来的正向的治理效应，使得财政支出对环境治理效应在总体上表现并不显著。

第一部分的研究曾指出，财政支出是政府职能的体现，在风险视角下来看，不同的财政支出代表着政府所承担的化解风险的职能不同。按照这一思路，经济支出、非经济性支出和环境支出分别是政府应对经济风险、非经济风险（社会风险）、环境风险的手段，也在一定程度上体现了政府对各类风险的重视程度。在现有的支出结构中，非经济性支出和财政支出的比重相对较低，而经济支出的比重较高，说明政府投入了大量的财政资源以应对经济风险，这也说明政府在一定程度上未能充分重视非经济领域的风险和环境风险，造成了经济、非经济和环境风险的失衡，不能形成预期的"以公共风险最小化"来间接地减小环境风险的环境治理目标。

在政府安排支出时，应当以公共风险最小化为目标，合理分配用于应对不同风险的财政资源，以实现不同风险的均衡，避免风险升级。

二、财政支出化解环境风险的实现机制

财政支出为什么能够化解环境风险，以及财政支出通过怎样的机制来化解风险都将通过以下分析加以总结和归纳：

（一）财政支出直接化解风险的实现机制

一般来说，风险管理有四大原则，即回避风险、预防风险、自留风险、转移风险。由于风险是客观存在的，不以人的意志为转移，所以回避风险无助于风险的降低。从后三个原则来看，财政支出可以通过风险预防性支出、风险治理性支出和风险转移性支出三种方式有效地化解风险：一是风险预防性支出，通过建设风险机构、制度、机制等预防风险或监测风险，降低因为风险产生损

害的可能性，如财政支出建设的社会保障体系、政府对风险评估技术研究的支持等；二是风险治理性支出，主要是对已经产生的风险损害进行补偿性支出，以降低风险的损害程度，减少新的风险产生；三是风险转移性支出，风险转移支付可以从两个层面来理解，前者是风险之间的转移，比如说通过增加环境风险来减少经济发展下滑的风险（见图7-1）。在现实中，政府面临的风险总是多样的，而政府的财力又是有限的，因此在某一阶段中政府可能会放弃一种危害程度较小的风险而加强另一种风险的治理，形成风险之间的转移；后者是风险在不同主体之间的转移，如通过市场化机制的建设，将风险从政府层面转移到社会层面，利用社会的力量加以解决。

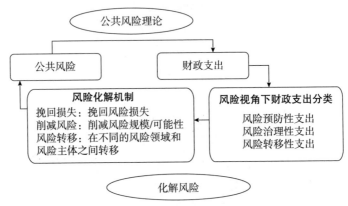

图7-1　公共风险与财政支出之间的作用机制

（二）财政支出间接化解风险的实现机制

1. 科技支出间接化解风险的实现机制

科技支出主要通过以下方式发挥间接化解环境风险的作用：一是科技对生态环境风险的识别作用。环境问题的本质是风险，识别环境风险是应对环境问题的第一步。由于环境污染的传导机制和影响极为复杂，环境风险识别和测试技术的不断提升，可以提高风险识别能力。二是产品或资源替代的科技研发可以直接发挥改善环境的作用，如在生产过程中将采用绿色替代、减量增效、循环和重复利用等方式提高原子经济性和原子利用效率。通过膜、光（太阳光）、电、磁、超导、超声等物理新技术的不断创新，将以污染物去除为目标的末端治理模式转变为清洁生产、循环经济引领的资源化能源化模式。生活、工业和农业废弃物可以作为不同产业链条中的原料加以利用也可以通过先进的生物、物理、化学、材料等技术转化为有用产品。

2. 教育支出间接化解风险的实现机制

教育支出通过提高公众环境保护的自觉性、节能环保意识以及为科技研发提供人才储备，间接地发挥化解环境风险的作用。

3. 社会保障性支出间接化解风险的实现机制

社会保障性支出通过以下方式发挥间接化解环境风险的作用：随着社会保障、医疗卫生等公共福利的提高，在摆脱基本生存问题的困扰后人们对生活质量的需求有了提高，比如对良好环境的需求，需求的驱使会增加对政府环境治理的诉求，进一步激发政府对环境问题的重视程度和治理的投入。各级政府纷纷加大力度治理雾霾就是因为社会公众诉求的不断增加。

三、财政支出增加环境风险的实现机制

财政支出所引起的环境风险增加的实现机制，主要通过"财政支出—经济发展—环境污染"来完成。在地方政府为经济增长而竞争的行为偏好下，往往会增加地方政府对经济发展领域的支出，继而推动人类生产和生活范围的不断扩大，在对自然资源产生损耗的同时还会增加污染物的排放量，加剧环境风险。

四、财政支出的环境风险治理效应传导路径

财政支出通过环境支出、非经济性支出和经济性支出三种途径，分别产生正向和负向的环境风险治理效应，并最终在财政支出的总体层面上呈现出不显著的环境风险治理效应。其传导路径如图 7-2 所示：

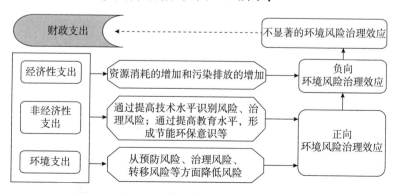

图 7-2　财政支出的环境风险治理效应传导路径

本章小结

本章从财政支出层面来分析其对环境风险的治理效应，主要得到以下结论：

一是非经济性支出是具有"后发优势"的环境风险治理手段。在财政支出总规模保持不变的条件下，增加非经济性支出占财政支出的比重，可以通过提高环境修复能力，不仅有助于降低当期的环境风险，还有助于减小下一期的环境风险，形成持续性的环境治理正效应。因此，通过激励机制再造，扭转地方政府的行为偏好，为地方政府建立起"为和谐而竞争"的内在动力，对于现阶段有效应对环境风险来说，具有重要意义。

二是明确了财政支出化解环境风险的实现机制。财政支出化解风险有直接化解和间接化解两种实现机制。直接化解风险的实现机制主要是通过风险预防性支出、风险治理性支出和风险转移性支出完成风险的预防、治理和转移，从而降低环境风险。间接化解风险的实现机制中，不同的支出类别各不相同。因此掌握财政支出的风险实现机制，有助于进一步改进支出，提升其风险治理能力。

三是明确了财政支出环境风险治理效应的传导路径。在财政支出层面，主要通过环境支出、非经济性支出、经济性支出三种路径来影响环境风险治理的效果。在公共风险最小化的前提下，适当地提高能够带来正向环境治理效应的支出比例，同时减少那些引发负向环境治理效应的支出比例，有助于从总体上强化财政支出的环境风险治理正效应。

第八章

强化财政职能
推进环境风险治理

要清醒认识面临的风险和挑战，把难点和复杂性估计得更充分一些，把各种风险想得更深入一些，把各方面情况考虑得更周全一些，搞好统筹兼顾。[①] 这是国家领导层首次明确指出加强风险认识、判断和管理的重要性，也进一步凸显了当前风险加剧的严峻形势和强化风险治理的必要性。在"十四五"很长一段时间内，环境问题将成为制约我国经济社会发展的主要短板和潜在风险，这要求建立起环境风险治理理念，在环境风险面前变被动为主动。财政支出是政府实现治理职能的手段，不仅承担着治理环境风险的任务，还承担着平衡经济、社会、政治、生态等不同风险，促进公共风险最小化的任务。因此，无论是从短期提高政府环境治理的正效应来看，还是从长远考虑出发，从国家层面建立起公共风险治理体系，都将有助于形成以财政支出和职能调整作为切入点，通过财政支出结构、制度、机制的完善来调动政府、市场和社会资源，有效应对环境风险，实现经济、社会与生态环境的协调发展。

第一节　总体思路

前两章的实证分析，明确了环境支出和财政支出对我国环境风险的治理效应以及相关影响因素，这些结论可以作为下一步环境治理改革的依据和方向。

---

① 2015 年 5 月 27 日，习近平主席在浙江召开华东 7 省市党委主要负责同志座谈会，听取对"十三五"时期经济社会发展的意见和建议并发表重要讲话。

一、基于实证分析结论的启示

对照第六、七章的实证分析，分别从环境支出、财政支出的角度明确了其与环境风险的关系，并从环境治理能力、环境治理手段、财政分权等角度探讨了财政支出治理环境风险的影响。主要的结论及启示可归纳为：

（一）增加环境支出、非经济性支出比重有利于化解环境风险

增加环境支出有助于降低环境风险，但在保持支出规模不变的前提下，增加教育支出、科技支出和医疗支出的比重有助于提高环境修复能力降低环境风险。考虑到当前我国财政支出面临着财力约束加大的现实情况，调整财政支出结构将是短期视角下的最佳选择，不仅有利于降低环境风险，其作用效果还具有持续性。

（二）提高环境管理部门的财力保障有利于提高治理能力

随着环境风险复杂化不断升级，以及国家对环境治理力度和要求的不断加大，对于各地环境保护部门而言，无论是加强环境执法，还是加强环境污染检测，都使环境治理成本不断提高，相应的就需要提高环境保护部门的财力，这是短期内提高政府治理能力的有效举措。

之所以强调环境保护预算资金对环保部门的分配情况，主要是考虑到当前我国环境治理中所面临的两个突出问题，一是分税制改革以来，地方政府所面临的"财权上收与事权下放"的矛盾，在环境保护领域尤为突出。因此，在地方政府的环境风险治理中，建立起财力和事权相匹配的财政体制，有助于发挥财政支出的治理效应，否则"巧妇难为无米之炊"。二是环保资金整合力度不够。从中央到省一级政府，财政列支的环境预算资金并未完全分配到环境保护部门，一部分资金散落在相关职能部门，一定程度上导致了资金的碎化问题，无法实现"集中力量办大事"的合力效应。想要改革财政预算资金分配多部门化的问题，要从环境管理事权划分多部门化的改革来考量，按照碎片化政府理论指出的从"碎片化政府"到"整体性政府"的改革，来扭转多部门化带来的治理效率、效果的降低和协调成本的提高。

因此，可从中长期的角度，以环境事权改革、财权改革为抓手，提高政府，尤其是环境保护部门的环境风险治理能力，有效应对环境风险。

（三）提高地方政府对环境治理的积极性有助于化解环境风险

在分析环境支出和非经济性支出对环境风险的治理效应时，引入财政自主性、地方政府竞争进行考虑，结论是在当前绿色发展的导向下，各级地方政府在保持为经济增长而竞争的偏好时，处理好经济与环境的关系，对降低环境风险起到积极的作用。正如第二代分权理论更加关注如何在中央和地方政府间建立起"激励相容"的机制，对地方政府竞争行为进行激励和约束，以实现财政分权的目标。这一结论的启示并非是要降低财政分权度，而是要扭转在我国独特的政治集权和财政分权背景下以经济发展为标尺的地方竞争行为促进地方政府从为经济增长而竞争到为和谐（风险最小）而竞争的转变。因此，可以从中长期的角度，从中央对地方激励机制再造的探索着手进行改革。

（四）社会的参与和市场手段的运用将有助于化解环境风险

在当前环境治理实践中，除了强化政府作为环境治理主体所承担的环境风险治理职能外，还应当充分发挥社会力量在环境风险治理中的作用，同时注重通过市场机制的不断完善来更好地发挥市场对环境风险的治理作用。这一结论与公共风险理论所蕴含的在以公共风险为目标下的，政府向社会和市场的分权逻辑相吻合，也符合当前我国的改革实践。

二、遵循"先易后难"的改革思路，着眼于短中长期的改革

以上的结论和启示，分别形成了从财政支出自身着手、从环境保护部门的治理能力着手、从制定有效的环境治理手段着手、从财政分权所导致的地方政府环境治理行为着手以及从政府与社会的关系、政府与市场的关系着手，来提高政府治理环境风险的能力及效果的思路。本书遵循"先易后难"的改革思路，分别从短期、中期、长期三个视角形成完善我国政府对环境风险治理的机制和措施，来应对日益升级、复杂化的环境风险。

具体思路是，短期内着眼于财政支出自身的调整来实现对环境风险的有效治理；中期内从提高环境保护部门环境治理能力、完善环境治理手段以及纠正地方政府为经济增长而竞争的行为偏好等角度来加强环境风险治理；长期内则通过鼓励社会力量参与环境风险治理，建立起环境风险治理的长效机制，实现环境风险治理的共担、共治。

（一）短期内着眼于财政支出规模和结构的调整来加强环境风险治理

财政支出规模和结构的调整可以围绕三个层面展开：

一是提高环境支出的规模。作为当前我国治理环境风险的主要力量，环境支出对于环境风险的降低意义重大。因此应当尽可能保证环境支出规模的扩大，加强对既有环境危机的治理，避免环境问题不断叠加形成新的风险。同时，根据各地环境风险的特点，对环境支出的结构进行适当调整。

二是提高非经济性支出的比重。在保持财政支出规模不变的情况下，尽可能提高以教育、科技、文化、社会保障、医疗卫生等为代表的非经济性支出比重，从财政支出的层面强化其对环境风险治理的正向规模效应。

三是提高教育、科技以及医疗卫生支出的比重。这三类支出将分别通过居民环保意识的提高、环境污染治理手段的改进角度，直接发挥治理环境风险的重要作用。因此，在保持非经济性支出规模不变的情况下，可以适当增加这三类支出在其中的比重。

（二）中期内以政府治理能力的提高和手段的完善来加强环境风险治理

一是提高环境保护部门的财力。可以在保持省一级环境保护资金总体规模不变的情况下，通过部门资金的整合，将更多的财政预算资金集中在环境保护部门，以有效应对环境事权不断扩大的现实需求。

二是完善环境保护部门的治理手段。可以在加大环境行政处罚力度和处罚标准的同时，完善以税收、排污权交易、绿色金融体系等为代表的环境风险治理经济手段，形成经济手段和行政手段并重，加强环境风险治理。

三是推进环境领域的横向和纵向事权改革。通过横向政府部门间的事权改革，扭转当前环境治理多部门化所带来的政府环境治理失灵，提高政府环境治理能力和效率；通过纵向部门间的事权改革，在省级以下的政府层面建立起与环境治理领域财权与事权相匹配的财政收支体制，同时建立起有效的中央对地方政府的激励机制，促进地方政府从"为经济增长而竞争"向"为和谐而竞争"的转变，增强地方政府治理环境的内在动力。

（三）长期内建立环境风险"共担、共治"的长效机制来加强风险治理

从风险治理手段来看，政府和市场都可以作为风险治理手段来治理风险，从风险的归宿来看，政府和社会（个人、企业和其他非政府性组织等）都是风

险的承担者，因此仅从政府的角度来应对环境风险是远远不够的，要充分调动政府、社会多种资源，形成环境风险"共担、共治"。

一是要协调好政府和市场的风险治理手段。实证结果印证了公共风险理论提出的市场也是化解风险的手段。随着市场化进程的不断提高，市场化解风险的能力也不断提升，使市场原本无法应对的风险，可再一次交给市场来完成。同时，与政府手段相比，市场化的方式对于环境风险的治理更为有效，在面对环境风险治理任务时，应从化解风险资源的最优配置角度出发，判断市场是否承担了其所能够发挥的风险治理功能，即市场治理风险是否最大化，并在此边界下进一步探讨财政支出对不同风险的应对以及平衡问题，建立起以市场风险治理最大化的先决条件，有效地发挥政府和市场的风险治理手段，形成共同治理环境风险的治理模式。

二是要搭建起环境风险共担的多元化治理体系。作为风险的共同承担主体，政府、企业、个人和社会组织理应承担起风险治理的职责。随着市场机制的逐步完善，原本由政府承担的公共风险，可以转化为私人风险，进一步交由社会主体来承担，一方面可以减轻政府环境风险治理的负担，尤其是支出所面临的资金缺口压力，另一方面可以充分发挥社会主体在风险治理中的重要作用，推动政府、社会在风险治理中的积极互动和协调搭配。

三、以环境风险治理改革为先导，推进国家公共风险治理

在经济社会发展中，除了面临着环境风险的挑战外，还面临着来自经济、社会、政治等多个领域的风险，不同的风险相互交织、转化构成了公共风险。从内涵上来看，公共风险不是单个不同风险之间的简单加和，而是结构更复杂、危害性更大的系统性风险，如果无视这些风险，不仅会转变为危机，抵消发展的成果，还将危及经济和社会改革。因此，需要从国家层面建立起相对统一的、部门联动的风险治理体系，加强公共风险的监测、评估与管理。从国家层面进行风险治理，主要包括两重含义：一是通过治理减少可能引发风险的因素和风险危机的产生；二是通过治理平衡各种风险之间的关系，避免各种风险之间进一步转化、升级。为此，可以通过环境风险治理的实践，推动国家风险治理理念、管理框架、治理措施的形成和完善，建立起国家风险治理体系。

第二节　调整财政支出结构，加强环境风险治理

　　把调整财政支出结构，强化环境风险治理正效应作为短期内应对环境风险的手段，弥补政府环境治理资金不足的问题，可以有效应对环境风险。其中，财政支出结构的调整包括两个层面，具有两种不同的意义，一是从环境支出层面，提高用于环境风险预防的支出比重并减少环境问题治理的支出比重，进而促进政府从"环境危机的应对者"到"环境风险的管理者"转变；二是从总的财政支出层面，优化非经济性支出和经济建设支出的结构，进而促进财政支出从风险失衡到风险平衡的转变。

一、以公共风险最小化为指导调整财政支出结构

　　在现实中，政府作为公共风险的治理者，承担着经济、社会、政治、文化、生态等多领域的风险治理职能，财政支出作为政府治理风险的手段，不同的支出代表了对不同风险的应对，不同的支出结构则代表了对不同的风险平衡方式。尽管增加非经济性支出将有助于降低环境风险，但过多的非经济性支出，在既定的支出规模下，将挤占现有经济支出，可能会引发新的经济风险。龚六堂和邹恒甫（2001）在研究财政支出增长率的波动对经济增长影响时，指出当政府在教育、经济事务上支出增长率出现波动时对经济增长的影响是负向的。因此，财政支出结构的调整是有限度和原则的，要以公共风险最小化为指导。

　　公共风险理论所倡导的"财政支出以公共风险最小化为目标"的理论主张，力求在不同的风险之间寻求一种平衡点，避免治理一种风险又带来新的风险。公共风险理论可以说为治理提供了新的目标和内涵，无论是对提高财政支出化解风险的能力来说，还是对强化政府经济、社会等治理能力来说具有现实指导意义。

二、环境支出层面的结构调整：从危机治理到风险预防

　　环境支出作为政府治理环境风险的直接手段，对直接降低环境风险具有重

要的作用。从结构上来看，我国环境支出存在着重事后危机应对轻事前风险防范，重城市环境风险治理轻农村风险治理的问题。因此，建议从结构上进行调整，从环境支出层面促进政府从"环境危机应对者"向"环境风险管理者"转变。

（一）提高对环境监测和风险评估的投入比重，建立环境风险预防机制

与其他风险相比，环境风险具有事后危机无限放大的特点，一旦环境风险转化为危机，治理的成本将数倍增加，并且大部分环境危害一旦产生将不可逆，如物种灭绝、污水等带来的健康问题。因此，加强对环境风险的监测，建立起环境风险预防机制尤为重要。环境监测是指对影响环境质量因素的代表值的测定，确定环境质量（或污染程度）及其变化趋势。在现实中，我国的环境支出往往侧重于环境污染治理和节能减排的投入，而在环境支出中，对环境监测的投入比重不足 1.27%。由于资金投入的不足，导致监测技术、设备、人才队伍等建设相对滞后（张秀等，2015；祁春满，2013），无法有效地发挥出对环境问题的预警作用。因此，应当逐步加大环境监测投入的比重和监测的执法力度，提高环境监测的技术水平和科学化程度，建立起环境风险的评估、预警机制，这也是预防环境风险的先决条件。2015 年 8 月，国务院办公厅印发的《生态环境监测网络建设方案》中，提出"到 2020 年初步建成陆海统筹、天地一体、上下协同、信息共享的生态环境监测网络"，这一工作的落实部署，将有助于发挥环境监测在环境风险预防治理中的作用。

（二）提高对环境科技研发和环境宣教的投入比重，强化环境治理

2006 年，国家环境保护总局（现为中华人民共和国生态环境部）下发的《关于增强环境科技创新能力的若干意见》（环发〔2006〕97 号）中，指出了我国环境科技研发中存在的主要问题，如当前困扰我国的雾霾问题，究竟是由何种原因造成的，如何从根源上加以治理等都需要相应的科技手段为支撑，只有对污染物来源和累积原因进行精准分析，并对其发展趋势采取针对性措施，才能有效解决本质问题。为此，应进一步提高环境科技研发的投入比重，强化科技手段在环境治理中的作用。同时，加强环境宣传教育工作，普及环境保护理念，倡导环境保护行为，形成节约、环保的生活理念。

（三）提高对农村环境风险治理投入比重，促进环境风险治理支出均等化

从当前的环境治理城乡投入比重来看，存在污染治理中重城市而轻农村的问题。环境治理投入的差异，激化了城乡发展失衡问题。为此，在现有环境支出中，除了专项转移支付体系之外，还应建立稳定的农村环境风险治理资金投入机制，增加农村环境风险治理的投入比重，促进城乡在风险治理支出中的起点均等化，进一步推进城乡风险治理效果的终点均等化。值得注意的是，中央在此次的生态文明体制改革总体方案中，也涉及对农村环境问题治理的具体要求，因此建立稳定的农村环境风险治理投入机制，增加其比重，无论是对于推进农村环境风险治理，还是对于推进生态文明体制改革来说，都十分关键。

（四）完善环境治理投资的统计口径，解决统计数据失真问题

在环境治理投入现状的研究中，由于环境治理投资统计口径的问题造成数据缺失，因此未选择其作为研究对象。与国外相比，目前我国的环境污染治理投资的统计口径中将一些不应该包括的部分，如燃气、集中供热等市政公用设施纳入统计范畴，在无形之中扩大了环境保护投资的规模，忽略了工业污染治理投资明显不足，以及环境污染治理投资并未有效用于环境污染治理的问题。因此，应当在明确环境治理投资定义的前提下，缩减和调整环境治理投资的统计口径，解决统计数据虚高的问题。同时，在调整的过程中，可以借鉴国际经验，让国内统计数据与国际统计数据具有可比性，以便在研究支出效果时进行比较分析。

三、财政支出层面的结构调整：从风险失衡到风险平衡

从财政支出层面进行结构调整，主要目标是通过对支出部分结构进行重新匹配，形成新的以公共风险最小化为导向的风险平衡态势，解决因环境危机暴露出的风险失衡问题。因此，在具体的调整方向上，首先应当建立起对公共风险的全面掌握，加强对风险的认识和了解，建立专业化的风险评估理念、方法和技术。在此基础上，逐步加大以科技、教育为主的非经济性政府投入比重，提高财政支出的环境风险治理效应，促进环境风险与经济、社会等其他风险之间的平衡。

从科技来看，应通过提高政府科技支出的比重，尤其是通过支出方向的调

整，积极引导科技在以下两个方面发挥治理环境风险的作用：一是发挥科技对生态环境风险的识别作用。环境问题的本质是风险，识别环境风险是应对环境问题的第一步。由于环境污染的传导机制和影响极为复杂，环境风险识别和测试技术的不断提升，有助于提高风险识别能力；二是发挥科技对产品或技术改进的推动作用。如在生产过程中，加大科技引发，推广绿色替代、减量增效、循环和重复利用等绿色生产方式，提高资源利用效率；通过膜、光（太阳光）、电、磁、超导、超声等物理新技术的不断创新，把以污染物去除为目标的末端治理模式转变为清洁生产、循环经济引领的能源化模式。生活、工业和农业废弃物，既可以作为不同产业链条中的原料加以利用，还可以通过先进的生物、物理、化学、材料等技术转化为有用产品。

从教育来看，可以通过提高政府教育支出的比重，积极引导教育在环境风险治理中发挥三个方面的作用：一是通过教育提高环境保护的自觉性。教育的目的是为了提高人类的素质，随着人的自我修养和素质的不断提升，其环境保护的自觉性和主动性也会增强，有助于环境的改善；二是通过环境宣传提高人们的节能环保意识，如当前"环境保护日""环境宣传周"等；三是通过加强教育为科技研发提供人才储备，推动科学技术的发展，形成环境治理的正效应。

以上手段，作为短期内的环境风险应对策略，可以有效弥补当前环境治理资金缺口较大的不足，在短期内强化财政支出的环境风险治理正效应，从而有效地提高政府风险治理能力，化解环境风险。

第三节　立足于事权改革，提高政府环境治理能力

一、以事权改革为契机，优化横纵向政府间风险治理分工

从国内外环境治理实践来看，政府始终作为环境风险治理的主要主体而存在的。因此，优化政府间的环境风险治理分工，对于整合政府间环境治理资源，提高环境治理能力，降低环境风险来说具有重要意义。政府间环境治理的分工主要包括两个层面：一是横向的区域或流域政府间；二是纵向的不同政府层级间。对照我国环境治理的现状，优化政府间风险治理的分工，促进区域或流域

政府间的协作治理以及提高地方政府风险治理的内在动力。这些改革有助于提高我国政府的风险治理能力，有效应对和防范环境风险。

（一）在中央指导下，推动跨区域、流域的政府间环境风险治理协作

面对频频发生的跨区域、跨流域环境污染事件，使环境治理无法由某一地方政府独立且有效地解决，因此必须加强横向政府间环境风险治理的合作，通过建立有效的合作机制，建立起跨区域、跨流域的环境风险治理体系。本书认为，在我国当前的经济社会发展和政治体制背景下，依靠自发形成区域环境治理合作，存在着治理资金来源不稳定、治理参与方博弈等问题，因此风险治理合作难以有效展开。为此，针对重大区域或流域的环境问题，建议在中央政府的主导下建立地区间风险共治的机制，解决区域环境治理中的资金筹集问题。

从措施上，可以考虑以中央财政的转移支付作为引导基金，设立区域环境治理资金，并鼓励地方政府多渠道筹集资金进行配套，确保区域环境治理资金的常态化，形成相对稳定的区域合作模式。其中，生态补偿机制可以作为促进区域环境治理的一种手段加以运用。2005年，国务院发布的《国务院关于落实科学发展观加强环境保护的决定》（国发〔2005〕39号）中指出"要完善生态补偿政策，尽快建立生态补偿机制"。"中央和地方财政转移支付应考虑生态补偿因素，国家和地方可分别开展生态补偿试点"，在随后的发展中逐步建立起我国的生态补偿转移支付制度。2011年，由财政部和环保部牵头组织、每年安排补偿5亿元资金的全国首个跨省流域生态补偿机制试点在新安江启动实施。各方约定，只要安徽出境水质达标，下游的浙江省每年补偿安徽1亿元。

（二）以纵向政府间激励再造提升地方政府环境风险治理的内在动力

我国地域辽阔，生态环境基础条件和经济发展程度不同，这使各地区的环境风险和治理呈现多样化。因此从风险治理的针对性和有效性来看，地方分而治之优于中央统一治理，地方政府应承担起环境风险治理的主要职能。想要扭转地方政府经济偏好带来的风险治理效应弱化问题，应在明晰中央和地方的环境事权划分基础上，通过激励机制的再造，促进地方政府从"为经济而竞争"逐步转向"为和谐而竞争"，解决影响我国生态环境风险治理效应的外部制度问题，有效地应对环境风险。在强化中央对地方环境治理的激励中，可用增加生态环境在考核中的权重，以及制定中央环境转移支付的激励约束等方式来逐步完善。

一是在地方政府官员考核制度方面，党的十八大以来中央先后下发文件，提出要增加生态责任考核权重，以强化官员的环境治理职责，扭转当前由于激励机制所导致的政府行为偏好问题。2013 年 12 月，在中共中央组织部下发的《关于改进地方党政领导班子和领导干部政绩考核工作的通知》中，明确指出"根据不同地区、不同层级领导班子和领导干部的职责要求，设置各有侧重、各有特色的考核指标，把有质量、有效益、可持续的经济发展和民生改善、社会和谐进步、文化建设、生态文明建设、党的建设等作为考核评价的重要内容"，"不能仅仅把地区生产总值及增长率作为考核评价政绩的主要指标"。2015 年公布的《生态文明体制改革总体方案》中，也提出要完善生态文明绩效评价考核和责任追究制度。随着《党政领导干部生态环境损害责任追究办法（试行）》的出台，首次建立起了追究党政领导干部生态环境损害责任的制度性安排。随着这些措施逐步发挥作用，将有助于转变地方政府的行为偏好，激发其对环境治理的内在动力。

二是可以在现有的环境转移支付中增加奖惩机制来提高地方环境治理的内在动力。当前，中央对地方的环境转移支付是地方环境治理的重要资金来源。为增强中央对地方转移支付的激励，可以参照当前《国家重点生态功能区转移支付办法》的有关规定，在中央对地方进行转移支付时，增加一定的约束条件，通过对政府环境治理绩效和环境状况的考核，制定出具体的奖惩办法，以激励地方政府更好地运用中央转移支付资金，治理地方环境风险。

二、加强政策设计，完善环境治理手段

有效的环境治理手段，不仅可以降低环境治理的成本，还可以放大环境支出所带来的环境风险治理的正向效应。因此，应当在中长期内，通过政策研究设计，逐步形成一套完善的、符合我国经济社会发展需求的环境治理政策体系，促使政府环境治理手段从行政化、强制化向市场化、自愿化转变，实现从源头加强环境风险防控的治理目标。

一方面，针对我国当前市场机制不健全、经济性环境风险治理手段不完善的现状，可以重点加大行政干预力度，如加大对环境违法行为的查处和处罚力度，做好环境影响评价工作从源头防控环境风险，加大环境污染预警和监测的力度，严格坚守"生态红线"制度，通过最严格的制度来有效地应对环境风险。

另一方面，根据党的十八届三中全会关于全面深化财税体制改革部署和生态文明体制改革方案的要求。以资源税改革为抓手，逐步推进环境领域的税费改革，建立健全排污权交易制度和平台，完善绿色金融体系等改革创新，完善环境风险治理的经济手段，形成经济手段和行政手段并重，加强环境风险治理。

第四节　以政府职能转变为切入点，
促进环境风险共治

根据公共风险理论，政府和市场都是风险治理的手段，政府与个人、企业、社会机构等并列构成了风险的承担主体。因此，充分利用政府和市场的风险治理手段，调动个人、企业、社会组织等社会主体积极性，理顺横向、纵向政府间风险治理分工，推进环境风险"共担、共治"是治理环境风险的长效机制。为此，以政府职能转变为切入点，从三个层面来促成"共担、共治"的多元化治理体系：一是以市场来治理风险最大化为原则调整政府和市场关系，协调好两种风险治理手段；二是以政府职能转变切入点，促进社会主体参与环境风险治理；三是以环境事权改革和环境治理激励机制再造，推进横向、纵向政府间风险治理分工的优化。

一、协调政府和市场的环境风险治理手段

市场之所以在治理环境风险问题中会出现失灵，主要是因为资源环境领域价格机制的缺失。党的十八届三中全会以来，中共中央、国务院印发的《生态文明体制改革总体方案》形成了完善的市场手段来强化环境治理的思路。按照改革方案的部署，未来将通过构建归属清晰、权责明确、监管有效的自然资源资产产权制度，健全环境治理和生态保护市场体系等方式，进一步提高市场在加强环境风险治理中的作用，这不仅有助于促进环境风险治理手段的多元化，也将进一步引导财政支出方向和重点的调整。

（一）以市场来治理风险最大化为指导原则

在公共风险理论中，市场也是化解风险的手段之一，而市场之所以能够化

解风险源于人们对确定性的追求，进而形成应对各种不确定性的行动能力。一旦人们将追求确定性的意愿付诸实践，市场便可以通过价格机制的自动机制来化解风险。然而在实际中，由于各种配套制度的欠缺，导致从某一个时间点或时间段来看，市场能力有限无法治理风险。在此情况下，政府作为风险的最后承担者，需要采取政府手段，即财政支出来应对风险。根据公共风险理论，政府可以采取三种手段来应对风险：一是通过财政支出直接化解公共风险；二是健全市场制度，提高市场化解风险的能力，进而减少政府所需要化解的风险。因为从动态的角度来看，市场的风险治理能力是不断完善的，上一个时间段内市场可能处理不了的风险，在下一个时间段内随着市场能力的不断提高可能就可以处理；三是在政府的引导下将公共风险转化为私人风险，再交由市场来解决。从成本收益的角度来看，在有限资源（财力、人力和能力等）约束下，政府面临的问题是如何更多地让市场来化解风险，减少对财政支出手段的利用。因此，政府的风险治理要以市场治理风险最大化为前提，并在此前提下确定政府所承担的公共风险的边界。

（二）促进政府手段和市场手段的搭配

由于市场在风险治理资源的配置中更有效，面对有限的风险治理资源，如何最大限度地发挥市场的作用，促使市场治理风险最大化成为财政支出的目标和调整的原则。与公共物品理论中"市场失灵决定财政支出"的观点不同，公共风险理论认为市场作为化解风险的手段，倘若市场化解的风险多，那么政府所承担的风险就少。因此在面对风险时，财政支出承担着两个方面的职能：一是纠正市场风险治理失灵的职能，方式是完善市场机制提高市场化解风险的能力；二是直接承担其风险治理的职能，通过支出来化解风险。作为风险治理的两种手段，政府和市场两者的边界往往处在不断的变化之中。当市场机制不完善导致市场治理风险能力有限时，政府就要承担更多的风险治理职能；当市场机制不断完善使得市场能力不断提高时，财政支出便从中退出，转向其他的风险治理领域。因此，在市场治理风险最大化的原则指导下，通过调整政府职能和支出范围，促进政府手段和市场手段的搭配，共同发挥风险治理功能。

（三）具体的机制措施建议

结合我国的实际来看，在《生态文明体制改革总体方案》中，提出了环境治理中的市场化机制建设，如污染权交易等市场制度建设，提高市场在加强环境风险治理中的作用。随着生态文明体制改革的逐步推进和深化，建立在市场机制基础上的用能权和碳排放权交易、排污权交易、水权交易等制度也会不断完善，市场将在节能减排领域发挥更为重要的作用。对此，财政支出方向的调整体现在两个层面：一是财政支出的方向，要侧重于投向可以通过市场机制建设来实现风险治理职能的领域，尽快建立起完善的市场化机制来有效地应对风险；二是财政支出随着这些领域的逐步完善而逐步退出，即缩减原来用于节能减排的支出，并转向其他的环境风险治理领域中的薄弱环节，实现政府、市场的有效搭配。

二、推动政府、个人、企业、社会组织等多主体风险"共担、共治"

与西方国家环境治理中，以民众运动为先，继而推动政府主导的治理历程不同，我国环境治理主要以政府为主导，社会参与治理的机制尚不够完善，无论是从监督的角度看，还是从参与环境决策来看都存在一些不足，加大了政府治理的负担，如前面章节分析到的由于环境问题所引发的群体性事件。作为风险的共同承担者，从长期来看，应通过体制机制的完善，逐步推动政府、个人、企业和社会组织的"风险共担、风险共治"，共同治理环境风险。

（一）环境风险视角下政府和社会关系的重新定位

从起源来看，环境风险是由人类生产、生活与自然环境之间的矛盾所造成的，导致风险产生的主体是人，换句话说是个人、企业、社会组织以及政府。因此，个人、企业、社会组织和政府都应当是风险的承担者。原本可以按照"谁污染，谁治理"的原则，来划分个人、企业、社会组织和政府的风险治理职责，但实际上随着环境问题逐步扩大、累积，继而构成经济、社会发展的潜在威胁时，环境问题升级为环境风险，个人、企业、社会组织无法通过一己之力加以应对，因此风险可能最终由政府兜底。公共风险理论将可以由个人、企业、社会组织通过市场手段化解的风险称之为"私人风险"，而由政府承担的风险称之为"公共风险"。正如前面分析所指出的，市场处在不断的完善和发展之中，随着市场的健全使一些原本无法通过市场手段应对的风险变得可以应对，由此为公共风险向私人风险转化提供了平台和机制，即政府可以通过市场机制的建设，将原本由政府所承担的公共风险，通过局部化、分散化等方式，转化为私人风险，交由社会通过市场化的手段来完成。因此，从风险的角度来看，政府和社会所承担的风险也处于动态变化之中，应根据市场机制的完善程度进行不断的调整。

（二）促进政府、各社会主体环境风险治理的"共担、共治"

在推动政府、市场两个风险治理主体共同治理风险的改革中，以财政支出范围的调整作为切入点，引导社会逐步参与到环境风险治理中，关键在于完善的市场机制建设。通过市场化平台的搭建，采取政府购买公共服务、委托—代理、引入社会资本等方式，逐步调整财政支出范围，将原本由政府所承担的环境治理职能，向企业、个人或社会机构等转移，以此改变由政府主导的单一格局，缓解财政支出的风险治理压力，形成以市场为平台，政府和社会的风险共担、共治。

（三）具体的机制措施建议

环境治理资金、治理技术是政府在当前环境治理中面临的主要问题，为此可从这些现实问题着手，通过转变政府职能，逐步引导社会承担环境治理职能。

一是在环境治理资金方面，以一定数额的政府资金作为引导资金，探索绿色信贷，鼓励金融机构加大绿色信贷发放力度，加强资本市场相关制度建设，探索发行绿色债券，设立绿色发展基金等方式，积极引入社会资本等形式，调动社会力量，促进环境治理资金的多元化，缓解环境支出的压力。对此，在中央《生态文明体制改革总体方案》中也有明确规定。

二是在环境治理技术方面，在政府引导下鼓励具有一定污染治理技术水平的治污企业参与污染治理，具有一定技术实力的监测机构参与环境监测（如PM2.5的监测），具有一定管理能力的社会组织参与环境风险评估和监督，共同加强环境风险的监测、评估和治理，提高环境治理的能力。

三是在环境决策参与方面，在政府的政策指导下，加大财政支出建立起环境监督和决策参与平台，形成"政府—污染企业—公众/社会组织"之间的无缝对接，让公众能及时掌握环境治理的动态，加强环境监督并参与环境治理的重要决策。还可以有效地调动社会力量，建立起政府、社会间环境风险"共担、共治"的互动合作，找准各自在环境风险治理中的角色和定位，实现治理效应的最大化，是中长期内有效化解环境风险的关键和重要途径。

第五节　以环境风险治理实践为先导，
推进公共风险管理

当前的环境风险是摆在经济、社会发展面前的一道难题，亟须从风险治理的角度加以应对。但需要注意的是，环境风险不是孤立存在的，而是与来自经济、社会、政治、文化等领域的风险相互交织，共同构成了经济社会发展中所面临的系统化风险。因此，单纯地强调环境风险治理是不够的，应当从国家层面，从经济社会、改革实践的全局出发，建立起公共风险治理体系，推进公共风险治理。正如习近平主席指出的，"有矛盾有风险本身并不可怕，关键要有化解矛盾和排除风险的决心和办法，不能在困难和挑战面前束手无策、无所作为"①。面对风险，光有决心是不够的，还需要有办法，而建立国家公共风险治理体系则可以有效地承担起化解风险的职能，促使国家从风险的被动应对者转变为风险的主动管理者，有效应对风险，甚至变风险为机会。为此，建议以环境风险治理为先导，从国家层面，从指导改革实践、指导经济社会发展的角度，建立公共风险治理体系，推进公共风险的国家治理。

一、建立公共风险治理理念

从风险的特性来看，风险是潜在的、系统的、长期存在的，因此在公共风险的治理中，应建立起全局的、主动的和长期的风险治理理念，指导公共风险治理的实践：一是全局性的风险治理理念。由于公共风险存在并贯穿于整个经济、社会、政治、文化、生态等发展之中，并且以一个系统的、整体的公共风险的形式存在，这就需要建立起全面的风险治理理念，不能顾此失彼，要平衡所面对的各种问题。二是主动性的风险治理理念。由于风险来源于不确定性，且具有潜伏性，这就要求政府对风险的防范是超前的、常态的，而不是疲于应对各类已经暴露的风险危机，因为根据事后经验应对危机不仅效率较低，而且

容易引发新的问题。三是长期性的风险治理理念。风险不可能完全消失，在经济社会发展的过程中不断会有新的风险产生，新的风险也可能会激化或者削减当前的公共风险，因此就要求风险治理要具备长期性，从长期的视角来判断风险治理的成效。

除此之外，从风险的视角来强化政府治理，隐含了"治理的底线思维"，即凡事从坏处准备，努力争取最好的结果。公共风险中包含着多个可以相互转化的风险，其中一些风险引发的问题几乎危及每个国家，甚至于人类社会，而政府化解风险的能力和资源又是有限的，因此在有限的能力和资源下要求政府保证这些风险领域不出问题，实际上蕴含了政府治理的底线思维。例如，生态环境风险，生态环境恶化会加剧生态系统向良性逆转的风险，也会加剧经济社会难以持续稳定发展的风险、加剧人类和其他生物的安全风险，更会加剧政治危机的风险，因为一旦一个国家、民族的生存环境遭到破坏，资源得不到保障，就会引起资源争端进而引发国内政局不稳甚至国际战争。因此，环境风险实际上比经济、社会风险更加复杂，并且生态环境风险是作为一种风险的底线而存在的，一旦生态环境破坏达到无法挽回的地步，那么经济和社会发展都将无法维系，造成的危机后果更是不可想象。因此，在风险治理的实践中，要建立起应有的底线思维。

二、以公共风险最小化作为公共风险治理的目标

风险是客观存在的，不以人的意志为转移，既不能完全消失，也不能无限放大。因此，公共风险治理的目标是促进公共风险最小化，其核心是力求在不同的风险之间找到一个平衡点，避免治理一种风险后又引发新的风险问题。以环境问题为例，西方国家"先污染后治理"的本质是发展中风险失衡问题，一味地追求经济的发展而忽视生态环境问题，会造成环境风险不断累积，继而引发新的经济发展风险。因此，解决环境风险的本质是平衡经济、社会、生态等各种风险之间的关系，这不仅涉及"人与自然"关系的改革，还涉及"人与人"关系的改革，而这些改革都是为了促进"公共风险最小化"。在风险的视角下，政府的职能是实现公共风险最小化，因此可以把公共风险最小化作为判断风险治理成效的标准，即凡是有助于降低公共风险的治理就是有效的，而可能引起新的公共风险或进一步扩大公共风险的治理则是无效的。

三、在国家治理框架下逐步建立起公共风险的治理体系

（一）在国家治理框架下组建公共风险管理机构

公共风险的治理是关乎全局、关乎长久的重要任务，可考虑建立起以中央政府为主导的"国家风险管理委员会"（见图8-1），并根据风险管理事务的不同，下设公共风险管理小组指导各领域风险治理的推进。党的十八届三中全会提出了推进国家治理体系和治理能力现代化的改革目标，公共风险管理机构的组建可以在构建国家治理体系的改革中逐步完善。从机构职能来看，主要侧重于：一是公共风险的监测和评估；二是重大经济社会发展决策的风险评估；三是已颁布实施的主要经济社会发展政策的风险治理绩效评估等。

在构建国家风险管理委员会时，应注重强调机构与现有政府管理机构的互动、协调，确保风险管理的质量和效率。风险的产生和存在往往具有不确定性，而不同的风险之间又具备可转化的条件，为此对风险的管理不仅仅是一个或某个机构的职能，而是要注重部门间的联动，建立起具有"弹性"的参与框架，形成对公共风险的有效管理。

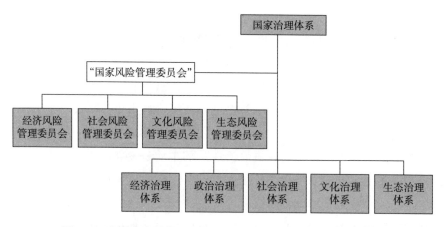

图8-1　在国家治理体系内可考虑构建"国家风险管理委员会"

（二）建立公共风险的监测和评估系统

公共风险治理的首要条件是认识和识别公共风险。因此，建立起科学的、

完善的公共风险评估和监测平台是进行风险治理的第一步，可以通过以下阶段完成：一是从风险视角建立起对当前经济社会发展问题的整体判断。表面来看，经济社会问题产生和存在是局部和相对独立的，而在风险的视角下，经济社会发展领域的问题会转化为相互交织、相互转化的不同风险的动态演变过程，有助于我们建立起动态的、关联的看待经济社会问题的视角，充分把握问题的程度、深度和复杂度。二是借助于技术和研究手段建立起风险评估体系来把握风险。虽然风险具备不确定性的特点，但通过对以往已经暴露出的风险进行研究，认识和了解风险产生、演变的轨迹，进而通过一定的技术手段和研究方法建立起一套完整的公共风险评价体系，对潜在的风险进行预警以进行风险管理。三是公共风险的评测往往需要依赖大量的数据和试验（实验室/模拟/调研）来完成，在建立公共风险监测和评估系统的同时，还应建立公共风险数据库，并注重科研数据平台、行业发展数据平台以及国际数据平台间的交流和合作，为有效地建立起公共风险监测与评估体系奠定基础。

（三）探索建立完善的风险管理流程和多元化的风险管理手段

国家层面的风险管理着重宏观角度的风险管理，如经济的风险、社会的风险等，更加强调了风险的预防，是在风险还未显现、危机还未爆发时，防患于未然的一种治理方式。相对于宏观风险管理，目前微观层面的风险管理，如银行系统风险管理、企业内部风险管理等经过多年的发展和实践，已具备相对完善和成熟的发展模式，在构建国家风险管理体系时可以借鉴。

如在风险管理流程方面，微观层面的风险管理流程有五个层次：第一，收集风险管理的初始信息；第二，进行风险评估，包括风险识别、分析、评价；第三，制定风险管理策略和解决方案；第四，实施风险管理方案；第五，对风险管理进行监督、总结、评价和改进。在风险处理方面，微观层面的风险往往采取风险回避、风险预防、风险自留、风险转移等方法来降低风险可能带来的危害程度。在企业风险管理层面，风险预防是指在损失发生前消除或减少可能引发损失的各种因素而采取的一种风险处理方式；风险自留是指项目风险保留在风险管理主体内部，通过采取内部控制措施等方式来化解风险或者对这些保留下来的项目风险不采取任何措施；风险转移则是指对风险及其可能造成的损失全部或部分转移给他人，包括保险转移和非保险转移，前者是将风险转嫁给保险公司，后者如合同转移一样通过合同将风险转嫁给另一个人或单位的一种风险处理方式。

（四）注重公共风险的"共担、共治"

与环境风险治理相似，公共风险的管理也要强调多主体的"共担、共治"。一方面，充分协调政府和市场两种环境治理手段，当市场机制不完善导致市场治理风险能力有限时，政府承担更多的风险治理职能，而当市场机制不断完善使市场能力不断提高时，政府便从中退出继而转向其他的风险治理领域。另一方面，公共风险管理体系在一开始便要注重搭建社会主体参与的机制和平台，注重发挥社会的力量，促进风险的共担、共治，改变由政府主导的单一格局，缓解政府的风险治理压力，形成以市场为平台，政府和社会各主体之间的互动。

本章小结

本章主要是在全书的研究基础上，提出的政策建议，包括环境风险治理以及公共风险治理两个层面。有关建议可以总结为以下三个方面：

一是短期内通过调整财政支出结构，有效应对环境风险。短期内，通过调整财政支出结构，强化环境风险治理正效应，来弥补政府环境治理资金不足所造成的环境治理能力落后问题，在一定程度上缓解环境风险持续升级的不良发展态势。财政支出结构的调整包括两个层面，具有两种不同的意义，一是从环境支出层面，提高用于环境风险预防的支出比重并适当减少环境问题治理的支出比重，进而促进政府从"环境危机的应对者"到"环境风险的管理者"的转变；二是从总的财政支出层面，提高非经济性财政支出的比重并适当降低经济性（生产性）支出的比重，进而促进财政支出从风险失衡到风险平衡的转变。

二是中期内以提高政府环境治理能力为立足点推进改革。以环境领域的事权改革为契机，通过横向政府部门间的事权改革，扭转当前环境治理多部门化所带来的政府环境治理失灵问题，提高政府环境治理能力和效率；通过纵向部门间的事权改革，在省级以下的政府层面建立起环境治理领域的财权与事权相匹配的财政收支体制，增强地方政府治理环境的内在动力。同时，不断完善以税收、排污权交易、绿色金融体系等为代表的环境风险治理经济手段，形成经济手段和行政手段并重，加强环境风险治理。

三是长期内建立政府、社会"共担共治"的风险治理长效机制。从风险治理手段来看，政府和市场都可以作为风险治理手段来治理风险，从风险的归宿来看，政府和社会（个人、企业和其他非政府性组织等）都是风险的承担者。因此，仅从政府的角度来应对环境风险是远远不够的，要充分发挥政府、市场两种手段，调动社会力量，形成环境风险的共治。在政府与市场关系的层面，从化解风险资源的最优配置角度出发，判断市场是否承担了其所能够发挥的风险治理功能，即市场治理风险是否最大化，并在此边界下进一步探讨财政支出对不同风险的应对以及平衡问题，继而通过财政支出方向调整，充分运用政府和市场两种风险治理手段，共同治理环境风险；在政府和社会层面，通过市场机制的逐步完善，将部分公共风险转化为私人风险，进一步交由个人、企业、社会组织等社会主体来承担，减轻政府环境风险治理负担的同时，充分发挥社会主体在风险治理中的重要作用，实现治理资金来源的多元化。

四是以环境风险治理实践为先导，从长远发展角度推进国家公共风险管理。在经济社会发展中，除了环境风险外，还面临着来自经济、社会、政治等多个领域的风险，不同的风险相互交织构成了公共风险。从内涵上来看，公共风险不是单个风险的简单加和，而是结构更复杂、危害性更大的系统性风险，如果无视这些风险，不仅会转变为危机，抵消发展的成果，而且还将危及这些成果的经济和社会改革。因此，需要从国家层面建立起相对统一的、部门联动的风险治理体系，加强公共风险的监测、评估与管理，以有效地应对公共风险。

参考文献

［1］ Arellano M, Bond S. Some Tests of Specification for Panel Data Monte Carlo Evidence and an Application to Employment Equations ［J］. The Review of Economic Studies, 1991, 58 (2): 277-297.

［2］ Beck U. Risk Society: Towards a New Modernity ［M］. New York: SAGE Publications Ltd, 1992.

［3］ Bernauer T, Koubi V. Are Bigger Governments Better Providers of Public Goods? Evidence from Air Pollution ［J］. Public Choice, 2013, 156 (3-4): 593-609.

［4］ Bosquet B. The Role of Natural Resources in Fundamental Tax in the Russian Federation ［M］. Washington: World Bank, 2002.

［5］ Bovenberg A L, Mooij R D. Environmental Levies and Distortionary Taxation ［J］. American Economic Review, 1994, 84 (4): 1085-1089.

［6］ Camastra F, Ciaramella A, Giovannelli V, et al. TÉRA: A Tool for the Environmental Risk Assessment of Genetically Modified Plants ［J］. Ecological Informatics, 2014 (24): 186-193.

［7］ Commoner B. The Closing Circle: Nature, Man, and Technology ［M］. New York: Random House Inc, 1971.

［8］ Crane F G. Insurance Principles and Practices (2nd ed) ［M］. New Jersey: John Wiley & Sons, 1984.

［9］ Dalal-Clayton B, Sadler B. Strategic Environmental Assessment: A Sourcebook and Reference Guide to International Experience ［M］. London: Earthscan, 2005.

［10］ Darbra R M, Eljarrat E, Barceló D. How to Measure Uncertainties in Environmental Risk Assessment ［J］. Trends in Analytical Chemistry, 2008, 27 (4): 377-385.

［11］ Devarajan S, Swaroop V, Zou H F. The Composition of Public Expenditure and Economic Growth [J]. Journal of Monetary Economics, 1996, 37 (2): 313-344.

[12] Dietzenbacher K, Mukhopadhyay K. An Empirical Examination of the Pollution Haven Hypothesis for India: Towards a Green Leontief Paradox? [J]. Environmental and Resource Economics, 2007 (36): 427-449.

[13] Ebel R D, Yilmaz S. On the Measurement and Impact of Fiscal Decentralization [R]. Washington: World Bank, 2002.

[14] Garcia-Valiñas M A. What Level of Decentralization is Better in an Environmental Context? An Application to Water Policies [J]. Environmental and Resource Economics, 2007, 38 (2): 213-229.

[15] Ågerstrand M, Breitholtz M, Rudén C. Reporting and Evaluating Ecotoxicity Data for Environmental Risk Assessment How Can Current Practices Be Improved [J]. Comprehensive Analytical Chemistry, 2013 (62): 685-704.

[16] Grossman G M, Krueger A B. Economic Growth and the Environment [J]. The Quarterly Journal of Economics, 1995, 110 (2): 353-377.

[17] Grossman G M, Krueger A B. Environmental Impacts of a North American Free Trade Agreement [R]. Massachusetts: National Bureau of Economic Research, 1991.

[18] Grossman G M. Pollution and Growth: What Do We Know? [Z]. CEPR Discussion Papers 848, 1993.

[19] Halkos G E, Paizanos E A. The Effect of Government Expenditure on the Environment: An Empirical Investigation [J]. Ecological Economics, 2013 (91): 48-56.

[20] Jalal K F. Sustainable Development, Environment and Poverty Nexus [R]. Philippines: Asian Development Bank, 1993.

[21] Jin H H, Qian Y Y, Weingast B R. Regional Decentralization and Fiscal Incentives: Federalism, Chinese Style [J]. Journal of Public Economics, 2005, 89 (9-10): 1719-1742.

[22] Kenneth G, Lieberthal K G, Lampton D M. Bureaucracy, Politics, and Decision Making in Post-Mao China [M]. Berkeley: University of California Press, 1992: 49.

[23] List J A, Mason C F. Optimal Institutional Arrangements for Transboundary Pollutants in a Second-Best World: Evidence from a Differential Game with

Asymmetric Players [J]. Journal of Environmental Economics and Management, 2001, 42 (3): 277-296.

[24] López R. Galinato G I, Islam A. Fiscal Spending and the Environment: Theory and Empirics [J]. Journal of Environmental Economics and Management, 2011, 62 (2): 180-198.

[25] Mowbray A H, Blanchard R H, Williams C A. Insurance (4th ed) [M]. New York: McGraw-Hill Book Company, 1995.

[26] O'Connor D C. Managing the Environment with Rapid Industrialization: Lessons from the East Asian Experience (Development Centre Stuclies) [M]. Washington: OECD, 1994.

[27] Panayotou T. Environmental Degradation at Different Stages of Economic Development [M] //Ahmed I, Doeleman, J A. Beyond Rio: The Environmental Crisis and Sustainable Livelihoods in the Third World. New York: Palgrave Macmillan, 1995.

[28] Pearce D. The Role of Carbon Taxes in Adjusting to Global Warming [J]. The Economic Journal, 1991 (101): 938-948.

[29] Peng Y, Zhang T Z, Liu G W. An Environmental Risk Assessment Framework for Identification of Environmental Risk Sources in Industrial Park [J]. Energy Procedia, 2011 (11): 3381-3388.

[30] Perri 6, Leat D, Seltzer K, Stoker G. Towards Holistic Governance: The New Reform Agenda [M]. London: Palgrave Press, 2002: 40-43.

[31] Poelhekke S, Ploeg F V D. Green Havens and Pollution Havens [J]. The World Economy, 2014, 38 (7): 1159-1178.

[32] Pollitt C. Joined-up Government: A Survey [J]. Political Studies Review, 2003, 1 (1): 34-39.

[33] Porter M E. America's Green Strategy [J]. Scientific American, 1991, 264 (4): 168.

[34] Roodman D. How to Do Xtabond2: An Introduction to Difference and System GMM in Stata [J]. The Stata Journal, 2006, 9 (1): 86-136.

[35] Rosenbloom J S. A Case Study in Risk Management [M]. Hong Kong: Prentice Hall, 1972.

[36] Sanders S, Alakshendra A, Walia B. National Emissions Standards, Pol-

lution Havens, and Global Greenhouse Gas Emissions [J]. American Journal of Economics and Sociology, 2014, 73 (2): 353-368.

[37] Skondras N A, Karavitis C A, Gkotsis I I, et al. Application and Assessment of the Environmental Vulnerability Index in Greece [J]. Ecological Indicators, 2011, 11 (6): 1699-1706.

[38] Slater D, Jones H. Environmental Risk Assessment and the Environment Agency [J]. Journal of Hazardous Materials, 1999, 65 (1-2): 77-91.

[39] Smith S. Taxation and the Environment: A Survey [J]. Fiscal Studies, 1992, 13 (4): 21-57.

[40] Tietenberg T H. Economic Instruments for Environmental Regulation [J]. Oxford Review of Economic Policy, 1990, 6 (1): 17-33.

[41] Voelker D, Schlich K, Hohndorf L, et al. Approach on Environmental Risk Assessment of Nanosilver Released from Textiles [J]. Environmental Research, 2015 (140): 661-672.

[42] Wagner U J, Timmins C D. Agglomeration Effects in Foreign Direct Investment and the Pollution Haven Hypothesis [J]. Environmental and Resource Economics, 2009 (43): 231-256.

[43] Wheeler D. Racing to the Bottom? Foreign Investment and Air Pollution in Developing Countries [J]. The Journal of Environment & Development, 2001, 10 (3): 225-245.

[44] Williams C A, Heins R M. Risk Management and Insurance [M]. New York: McGraw-Hill Book Company, 1964.

[45] World Bank. Cost of Pollution in China [R/OL]. Washington DC: The World Bank. 2007-07-11 [2021-10-22]. https: //www. worldbank. org/en/news/press-release/2007/07/11/statement-world-bank-china-country-director-cost-pollution-china-report.

[46] Xu E G B, Leung K M Y, Morton B, et al. An Integrated Environmental Risk Assessment and Management Framework for Enhancing the Sustainability of Marine Protected Areas: The Cape d'Aguilar Marine Reserve Case Study in Hong Kong [J]. Science of the Total Environment, 2015 (505): 269-281.

[47] 保罗·萨缪尔森, 威廉·诺德豪斯. 经济学 (第18版) [M]. 萧琛译. 北京: 人民邮电出版社, 2010.

［48］毕军，马宗伟，刘苗苗，等. 我国环境风险管理的现状与重点［J］. 环境保护，2017，45（5）：14-19.

［49］曹云者，施烈焰，李丽和，李发生. 石油烃污染场地环境风险评价与风险管理［J］. 生态毒理学报，2007（3）：265-272.

［50］陈彩虹. 政府支出对经济增长的动态冲击效应分析［J］. 统计与决策，2012（15）：143-146.

［51］陈成忠，葛绪广，孙琳，等. 物种急剧丧失·生态严重超载·跨越"地球边界"·区域公平失衡·"一个地球"生活——《地球生命力报告2014》解读［J］. 生态学报，2016，36（9）：2779-2785.

［52］陈刚. FDI竞争、环境规制与污染避难所——对中国式分权的反思［J］. 世界经济研究，2009（6）：3-7+43+87.

［53］陈鹏，逯元堂，吴舜泽. 转移支付制度改革对政府环保支出影响分析［J］. 生态经济，2015（4）：118-120.

［54］陈硕，高琳. 央地关系：财政分权度量及作用机制再评估［J］. 管理世界，2012（6）：43-59.

［55］陈思霞，卢洪友. 公共支出结构与环境质量：中国的经验分析［J］. 经济评论，2014（1）：70-80.

［56］大卫·李嘉图. 政治经济学及赋税原理［M］. 郭大力，等，译. 北京：北京联合出版公司，2013.

［57］戴玉. 为官员松绑GDP考核［J］. 南风窗，2013（26）：18.

［58］邓志强，罗新星. 环境管理中地方政府和中央政府的博弈分析［J］. 管理现代，2007（5）：19-21.

［59］邓子基. 公共财政理论与公共财政框架［J］. 福建财会，2001（8）：5-8.

［60］董竹，张云. 中国环境治理投资对环境质量冲击的计量分析——基于VEC模型与脉冲响应函数［J］. 中国人口·资源与环境，2011，21（8）：61-65.

［61］杜辉. 挫折与修正：风险预防之下环境规制改革的进路选择［J］. 现代法学，2015，37（1）：90-101.

［62］杜喜臣. 化工行业环境风险评价方法的研究［D］. 兰州大学硕士学位论文，2008.

［63］段美玉，王迪，张丽君. 促进我国环境保护的财政支出政策研究［J］. 法制与社会，2007（8）：529.

［64］樊纲，王小鲁，朱恒鹏．中国市场化指数——各地区市场化相对进程 2011 年报告［M］．北京：经济科学出版社，2011．

［65］樊根耀．环境治理中的市场机制及产权问题［J］．国土资源，2003 （4）：38－39．

［66］樊行健，李懋劼．政府支出对城乡居民消费的影响效应——基于动态 面板数据模型的经验分析［J］．消费经济，2011（5）：8－11．

［67］方创琳，王岩．中国城市脆弱性的综合测度与空间分异特征［J］．地 理学报，2015，70（2）：234－247．

［68］方红生，张军．中国地方政府竞争、预算软约束与扩张偏向的财政行 为［J］．经济研究，2009（12）：4－16．

［69］房维中．建议地方政府不再把 GDP 作为地方政府官员政绩的考核指 标［C］//"社会主义市场经济条件下的政府与市场定位"座谈会发言汇 编，2011．

［70］冯海波，方元子．地方财政支出的环境效应分析——来自中国城市的 经验考察［J］．财贸经济，2014（2）：30－43＋74．

［71］傅勇，张晏．中国式分权与财政支出结构偏向：为增长而竞争的代价 ［J］．管理世界，2007（3）：4－12＋22．

［72］傅勇．中国的分权为何不同：一个考虑政治激励与财政激励的分析框 架［J］．世界经济，2008（11）：16－25．

［73］高彩艳，连素琴，牛书文，等．中国西部三城市工业能源消费与大气 污染现状［J］．兰州大学学报（自然科学版），2014（2）：240－244．

［74］高培勇．财税改革：全面深化改革的突破口和主线索［J］．财贸经 济，2013（12）：9－11．

［75］高燕妮．试论中央与地方政府间的委托—代理关系［J］．改革与战 略，2009，25（1）：29－30．

［76］龚锋，雷欣．中国式财政分权的数量测度［J］．统计研究，2010，27 （10）：47－55．

［77］龚六堂，邹恒甫．政府公共开支的增长和波动对经济增长的影响 ［J］．经济学动态，2001（9）：58－63．

［78］顾康康．生态承载力的概念及其研究方法［J］．生态环境学报，2012 （2）：389－396．

［79］郭晨星．全球环境治理主体结构模型建构及经验验证［D］．山东大

学博士学位论文，2010.

[80] 郭栋，胡业飞. 地方政府竞争：一个文献综述 [J]. 公共行政评论，2019，12 (3)：156-173+193-194.

[81] 郭飞，吴丰昌. 国外怎样进行环境风险管理？[J]. 环境经济，2015 (2)：35.

[82] 郭建强. 从外部性理论看政府治理环境污染的必要性和手段 [J]. 广西大学学报（哲学社会科学版），2007 (S1)：255-257.

[83] 郭丽琴，丁灵平. 中国不到世界 10% 的耕地，耗掉全球化肥总量 1/3 [N]. 第一财经日报，2013-03-14 (A05).

[84] 国涓. 我国能源消费与环境污染关系的分析 [J]. 商业经济，2008 (11)：8-9+56.

[85] 郝杨，王成璋. 中央政府与地方政府在环境治理中的博弈分析 [J]. 世界科技研究与发展，2010 (4)：557-559+556.

[86] 何茂斌. 环境问题的制度根源与对策——一种新制度学的分析思路 [J]. 环境资源法论丛，2003.

[87] 洪大用. 关于中国环境问题和生态文明建设的新思考 [J]. 探索与争鸣，2013 (10)：4-10+2.

[88] 胡佳. 跨行政区环境治理中的地方政府协作研究 [D]. 复旦大学博士学位论文，2011.

[89] 胡绍雨. 生态环境与财政政策文献综述 [J]. 经济论坛，2011 (11)：146-152.

[90] 华莱士·E. 奥茨. 财政联邦主义 [M]. 陆符嘉，译. 江苏：译林出版社，2012：172.

[91] 黄宝荣，欧阳志云，张慧智，等. 中国省级行政区生态环境可持续性评价 [J]. 生态学报，2008，28 (1)：327-337.

[92] 黄国宾，周业安. 财政分权与节能减排——基于转移支付的视角 [J]. 中国人民大学学报，2014，28 (6)：67-76.

[93] 黄圣彪，王子健，乔敏. 区域环境风险评价及其关键科学问题 [J]. 环境科学学报，2007 (5)：705-713.

[94] 焦雯珺，闵庆文，李文华，Anthony M. FULLER. 基于 ESEF 的水生态承载力：理论、模型与应用 [J]. 应用生态学报，2015，26 (4)：1041-1048.

[95] 金勇进. 缺失数据的统计处理 [M]. 北京：中国统计出版社，2009.

［96］匡春凤. 地球透支：人类生态足迹已超年度"预算"［J］. 中华环境，2014（9）：46-47.

［97］李秉祥，黄泉川，张紫娟. 环境问题的制度性根源与环境保护手段合理化组合运用探析［J］. 经济问题探索，2006（10）：23-25.

［98］李方一，刘卫东，唐志鹏. 中国区域间隐含污染转移研究［J］. 地理学报，2013（6）：791-801.

［99］李芳林，蒋昊. 长江经济带城市环境风险评价研究［J］. 长江流域资源与环境，2018，27（5）：939-948.

［100］李飞，宋玉祥，刘文新，等. 生态足迹与生态承载力动态变化研究——以辽宁省为例［J］. 生态环境学报，2010（3）：718-723.

［101］李国平，李潇，萧代基. 生态补偿的理论标准与测算方法探讨［J］. 经济学家，2013（2）：42-49.

［102］李里. 促进环境保护的财政政策选择［J］. 特区经济，2007（3）：174-175.

［103］李群峰. 动态面板数据模型的 GMM 估计及其应用［J］. 统计与决策，2010（16）：161-163.

［104］李文华，刘某承. 关于中国生态补偿机制建设的几点思考［J］. 资源科学，2010（5）：791-796.

［105］李小明. 中央与地方政府的关系问题研究——基于委托代理理论的分析［J］. 经济视角，2011（20）：9.

［106］李晓壮. 北京市消费污染与环境治理研究［J］. 北京社会科学，2010（3）：40-46.

［107］李逊敏. 财政政策对环境的作用［J］. 重庆行政，2003（2）：94-95.

［108］李亚红. 环境问题的制度根源及环境管理的制度创新［C］//2009年全国环境资源法学研讨会（年会）论文集，2009.

［109］梁小刚，王刚. 财政政策促进环境保护的依据［J］. 中国商界（下半月），2009（8）：143.

［110］林玉锁. 国外环境风险评价的现状与趋势［J］. 环境科学动态，1993（1）：8-10.

［111］刘军会，邹长新，高吉喜，等. 中国生态环境脆弱区范围界定［J］. 生物多样性，2015，23（6）：725-732.

［112］刘磊，张敏. 关于我国环境保护投资的界定与思考［J］. 四川环境，

2011, 30 (3)：133-138.

［113］刘尚希. 财政与国家治理：基于三个维度的认识 [J]. 经济研究参考, 2015 (38)：3-9+17.

［114］刘尚希. 调整财政政策 促进社会和谐 [J]. 中国财政, 2007 (11)：1.

［115］刘尚希. 积极财政也要量力而行 [N/OL]. 经济参考报, 2015-04-09. http：//dz. jjckb. cn/www/pages/webpage2009/html/2015-04/09/content_4277. htm.

［116］刘尚希, 李成威. 基于公共风险与财政风险的公共服务评估——兼论财政是国家治理的基础和重要支柱 [J]. 铜陵学院学报, 2014 (5)：3-10.

［117］刘尚希. 论公共风险 [J]. 财政研究, 1999 (9)：12-19.

［118］刘尚希. 论追求"确定性"——2008 年全球金融危机的启示 [J]. 学习与探索, 2010 (4)：130-134.

［119］刘尚希, 马洪范, 刘微, 梁季, 柳文. 明晰支出责任：完善财政体制的一个切入点 [J]. 经济研究参考, 2012 (40)：3-11.

［120］刘尚希. 以公共风险为导向的改革 [J]. 中国改革, 2005 (8)：22-24.

［121］刘尚希. 以"公共风险"为导向 调整公共支出的配置范围 [J]. 中国财政, 2002 (10)：27-29.

［122］刘思华. 对建设社会主义生态文明论的若干回忆——兼述我的"马克思主义生态文明观"[J]. 中国地质大学学报（社会科学版）, 2008 (4)：18-30.

［123］刘伟, 傅道忠, 魏志华, 等. 官员政绩考核立新规：不唯 GDP 论英雄 [J]. 财政监督, 2014 (1)：27-33.

［124］刘晓亮, 张广利. 从环境风险到群体性事件：一种"风险的社会放大"现象解析 [J]. 湖北社会科学, 2013 (12)：20-23.

［125］刘志雄. 能源消费是否引起环境污染？——基于我国 1991~2011 年数据的实证研究 [J]. 生态经济, 2015 (3)：19-24.

［126］龙爱华, 张志强, 苏志勇. 生态足迹评介及国际研究前沿 [J]. 地球科学进, 2004 (6)：971-981.

［127］卢洪友, 杜亦譞, 祁毓. 中国财政支出结构与消费型环境污染：理论模型与实证检验 [J]. 中国人口·资源与环境, 2015 (10)：61-70.

［128］卢洪友, 田丹. 中国财政支出对环境质量影响的实证分析 [J]. 中国地质大学学报（社会科学版）, 2014 (4)：44-51+139-140.

［129］卢先明．公共物品与政府职能［J］．中南财经政法大学学报，2005
（1）：29-32．

［130］鲁明川．国家治理视域下的生态文明建设思考［J］．天津行政学院
学报，2015，17（6）：39-45．

［131］罗文君．论政府在环境公共物品供给中的角色［J］．湖北行政学院
学报，2009（3）：47-50．

［132］罗小芳，卢现祥．环境治理中的三大制度经济学学派：理论与实践
［J］．国外社会科学，2011（6）：56-66．

［133］马涛，翁晨艳．城市水环境治理绩效评估的实证研究［J］．生态经
济，2011（6）：24-26．

［134］马晓明，易志斌．网络治理：区域环境污染治理的路径选择［J］．
南京社会科学，2009（7）：69-72．

［135］马晓钰，李强谊，郭莹莹．中国财政分权与环境污染的理论与实
证——基于省级静态与动态面板数据模型分析［J］．经济经纬，2013（5）：
122-127．

［136］毛晖，潘珊．中国环境经济手段的减排效应——排污费、环境税收
与治理投资的比较研究［C］//中国财政学会．中国财政学会 2015 年年会暨第
二十次全国财政理论讨论会交流材料汇编之二．中国财政学会：中国财政学会，
2015：5．

［137］毛小苓，刘阳生．国内外环境风险评价研究进展［J］．应用基础与
工程科学学报，2003（3）：266-273．

［138］穆瑞，张家泰．基于灰色关联分析的层次综合评价［J］．系统工程
理论与实践，2008（10）：125-130．

［139］牛文元．中国的生态环境及其预警［J］．科学中国人，1996（9）：
10-12．

［140］欧阳红兵，张支南．人口结构、环境质量与居民健康支出：基于空
间计量视角［J］．中国卫生经济，2017，36（8）：58-60．

［141］欧阳志云，郑华，岳平．建立我国生态补偿机制的思路与措施［J］．
生态学报，2013，33（3）：686-692．

［142］潘元鸽，潘文卿，吴添．中国地区间贸易隐含 CO_2 测算［J］．统计
研究，2013（9）：21-28．

［143］庞新生．多重插补处理缺失数据方法的理论基础探析［J］．统计与

决策，2005（4）：12-14.

[144] 濮津．论环境问题的根源和经济实质［J］．煤炭企业管理，2003（10）：66-68.

[145] 齐亚伟，陶长琪．区域经济发展和环境治理的合作博弈分析［J］．统计与决策，2013（20）：42-44.

[146] 祁春满．我国环境监测技术存在的问题及对策分析［J］．广东科技，2013，22（3）：150-151.

[147] 祁毓，卢洪友，徐彦坤．中国环境分权体制改革研究：制度变迁、数量测算与效应评估［J］．中国工业经济，2014（1）：31-43.

[148] 乔青，高吉喜，王维，等．生态脆弱性综合评价方法与应用［J］．环境科学研究，2008，21（5）：117-123.

[149] 秦艳红，康慕谊．国内外生态补偿现状及其完善措施［J］．自然资源学报，2007（4）：557-567.

[150] 邱耕田，张荣洁．大文明——人类文明发展的新走向［J］．江苏社会科学，1998（4）：173-177.

[151] 邱兆林，马磊．经济新常态下政府财政支出的就业效应——基于中国省级面板数据的系统 GMM 分析［J］．中央财经大学学报，2015（12）：22-30.

[152] 曲格平．工业生产与环境保护（上）［J］．环境保护，1980（2）：3-6+2.

[153] 曲格平．曲格平文集［M］．北京：中国环境科学出版社，2007.

[154] 任丙强．生态文明建设视角下的环境治理：问题、挑战与对策［J］．政治学研，2013（5）：64-70.

[155] 佘群芝．"污染天堂"假说与现实［J］．中南财经政法大学学报，2004（3）：86-90+144.

[156] 世界自然基金会，中国科学院地理科学与资源研究所，等．《中国生态足迹报告2012》发布［J］．环境保护与循环经济，2012，32（12）：33.

[157] 束洪福，论生态文明建设的意义与对策［J］．中国特色社会主义研究，2008（4），54-57.

[158] 苏明，傅志华，刘军民，张维．中国环境经济政策的回顾与展望［J］．经济研究参考，2007，27：2-23.

[159] 苏明，韩凤芹，武靖州．我国西部地区环境保护与经济发展的财税政策研究［J］．财会研究，2013（2）：5-15.

[160] 苏明，刘军民．科学合理划分政府间环境事权与财权［J］．环境经

济, 2010 (7): 16-25.

[161] 苏明, 刘军民, 张洁. 促进环境保护的公共财政政策研究 [J]. 财政研究, 2008 (7): 20-33.

[162] 苏明. 我国环境保护的公共财政政策分析 [J]. 内蒙古财经学院学报, 2010 (1): 5-15.

[163] 谭志雄, 张阳阳. 财政分权与环境污染关系实证研究 [J]. 中国人口·资源与环境, 2015 (4): 110-117.

[164] 唐兴盛. 政府"碎片化": 问题、根源与治理路径 [J]. 北京行政学院学报, 2014 (5): 52-56.

[165] 唐艳, 何伦志. 西部生态环境治理中的产权激励问题探析 [J]. 生态经济, 2009 (5): 159-162.

[166] 陶然, 袁飞, 曹广忠. 区域竞争、土地出让与地方财政效应: 基于1999~2003年中国地级城市面板数据的分析 [J]. 世界经济, 2007 (10): 15-27.

[167] 滕彦国, 左锐, 苏小四, 王金生, 苏洁, 李仙波, 张文静. 区域地下水环境风险评价技术方法 [J]. 环境科学研究, 2014 (12): 1532-1539.

[168] 汪韬. 曲格平: 环保四十年 [J]. 中国中小企业, 2014 (3): 42-43.

[169] 王策. 论政府在生态环境治理中的角色与责任 [J]. 经营管理者, 2015 (33): 344-345.

[170] 王金南, 曹东. 能源与环境: 中国 2020 [M]. 北京: 中国环境科学出版社, 2004.

[171] 王金南, 程亮, 陈鹏. 国家"十三五"生态文明建设财政政策实施成效分析 [J]. 环境保护, 2021, 49 (5): 40-43.

[172] 王金秀. "政府式"委托代理理论模型的构建 [J]. 管理世界, 2002 (1): 139-140.

[173] 王军锋, 侯超波. 中国流域生态补偿机制实施框架与补偿模式研究——基于补偿资金来源的视角 [J]. 中国人口·资源与环境, 2013, 23 (2): 23-29.

[174] 王猛, 构建现代生态环境治理体系 [N]. 中国社会科学报, 2015-07-22 (7).

[175] 王晓军. 多指标综合评价中指标无量纲化方法的探讨 [J]. 人口研究, 1993 (4): 47-51.

[176] 王雪梅, 张志强, 熊永兰. 国际生态足迹研究态势的文献计量分析

[J]. 地球科学进展，2007（8）：872-887.

[177] 王毅，苏利阳. 解决环境问题亟需创建生态文明制度体系［J］. 环境保护，2014，42（6）：23-27.

[178] 王莹，叶倩瑜. 中国环境治理中的政府干预［J］. 上海金融学院学报，2010（4）：79-87.

[179] 王忠波. 基本环境质量与地方政府公共服务［J］. 环境科学与管理，2012（7）：192-194.

[180] 威廉·配第. 赋税论［M］. 薛东阳，译. 武汉：武汉大学出版社，2011.

[181] 魏楚. 鱼与熊掌可以兼得么——环境管制对工业绩效的影响［R］. 中国人民大学国家发展与战略研究院系列报告，2014.

[182] 吴健，陈青. 环境保护税：中国税制绿色化的新进程［J］. 环境保护，2017，45（Z1）：28-32.

[183] 吴舜泽，陈斌，逯元堂，等. 中国环境保护投资失真问题分析与建议［J］. 中国人口·资源与环境，2007（3）：112-117.

[184] 吴洋. 我国政府收支分类科目及支出决算中环保支出的变化评析［J］. 现代经济信息，2014（20）：306-307.

[185] 夏光. 中国生态环境风险及应对策略［J］. 中国经济报告，2015（1）：46-50.

[186] 肖巍，钱箭星. 环境治理中的政府行为［J］. 复旦学报（社会科学版），2003（3）：74-80.

[187] 熊鹏. 环境保护与经济发展——评波特假说与传统新古典经济学之争［J］. 当代经济管理，2005（5）：82-86.

[188] 徐中民，程国栋，张志强. 生态足迹方法理论解析［J］. 中国人口·资源与环境，2006（6）：69-78.

[189] 亚当·斯密. 国富论［M］. 张兴，等，译. 北京：北京出版社，2007.

[190] 杨海水. 地方政府竞争理论的发展述评［J］. 经济学动态，2004（10）：97-101.

[191] 杨洪刚. 中国环境政策工具的实施效果及其选择研究［D］. 复旦大学博士学位论文，2009.

[192] 杨启乐. 当代中国生态文明建设中政府生态环境治理研究［D］. 华东师范大学博士学位论文，2014.

［193］杨妍，孙涛．跨区域环境治理与地方政府合作机制研究［J］．中国行政管理，2009（1）：66-69.

［194］叶托，李金珊，杨喜平．碎片化政府：理论分析与中国实际［J］．中共宁波市委党校学报，2011，33（2）：42-48.

［195］虞晓芬，傅玳．多指标综合评价方法综述［J］．统计与决策，2004（11）：119-121.

［196］预算司．2021年政府收支分类科目［EB/OL］．中华人民共和国财政部官网，2020-11-06．http：//yss.mof.gov.cn/xiazaizhongxin/202011/t20201106_3617957.htm.

［197］袁鹏，李文秀，彭剑峰，宋永会，许伟宁．国内外累积性环境风险评估研究进展［J］．环境工程技术学报，2015（5）：393-400.

［198］约翰·梅纳德·凯恩斯．就业、利息和货币通论［M］．陆梦龙，译．北京：中国社会科学出版社，2009.

［199］张光．测量中国的财政分权［J］．经济社会体制比较，2011（6）：48-61.

［200］张慧颖，王桂花．多指标综合评价方法的改进［J］．大学数学，2009（4）：199-202.

［201］张靓，曾辉，赫胜彬．基于改进模型的1992—2010年中国省域生态足迹核算［J］．生态环境学报，2013（8）：1365-1370.

［202］张军，高远，傅勇，张弘．中国为什么拥有了良好的基础设施？［J］．经济研究，2007（3）：4-19.

［203］张军．中国经济发展：为增长而竞争［J］．世界经济文汇，2005（Z1）：101-105.

［204］张克中，王娟，崔小勇．财政分权与环境污染：碳排放的视角［J］．中国工业经济，2011（10）：65-75.

［205］张坤民．关于中国可持续发展的政策与行动［M］．北京：中国环境科学出版社，2005.

［206］张沁．浅论财政政策对环境保护的促进作用［J］．湖南经济管理干部学院学报，2002（2）：23-24.

［207］张少华，黄寿峰．我国财政冲击的动态效应和传导机制研究［J］．财贸经济，2010（5）：53-61.

［208］张淑翠．我国财政支出对经济增长非线性效应——基于省级面板数

据的平滑转移模型实证分析 [J]．财经研究，2011（8）：135-144.

［209］张文彬，李国平．环境保护与经济发展的利益冲突分析——基于各级政府博弈视角 [J]．中国经济问题，2014（6）：16-25.

［210］张欣怡．财政分权下的政府行为与环境污染研究 [D]．财政部财政科学研究所博士学位论文，2014.

［211］张秀，杨海蓉，张君．我国环境监测存在的问题与原因分析 [J]．资源节约与环保，2015（4）：67+72.

［212］张亚斌，马晨，金培振．我国环境治理投资绩效评价及其影响因素——基于面板数据的 SBM-TOBIT 两阶段模型 [J]．经济管理，2014，36（4）：170-179.

［213］张娅婷，许丹妮．浅议可持续发展政策下环境问题的制度根源 [J]．环境科学与管理，2005（6）：9-11.

［214］张晏，夏纪军，张文瑾．自上而下的标尺竞争与中国省级政府公共支出溢出效应差异 [J]．浙江社会科学，2010（12）：20-26.

［215］张永锋，胡蓉．主成分分析模型的多指标综合评价方法 [J]．西南民族大学学报（自然科学版），2013，39（3）：362-365.

［216］张玉．基于省级面板数据的财政支出环境治理效应研究 [J]．青岛科技大学学报（社会科学版），2014，30（4）：78-81.

［217］赵美丽，吴强．促进环境保护的财政支出政策 [J]．环境与发展，2014（Z1）：115-118.

［218］赵万里．环境问题、经济新常态与生态文明建设 [J]．黑龙江社会科学，2015（4）：86-90.

［219］郑尚植，宫芳．我国地方政府环境治理投资的效率测度研究——基于 DEA 和 Malmquist 指数的实证分析 [J]．岭南学刊，2015（2）：100-104.

［220］郑石明，吴桃龙．中国环境风险治理转型：动力机制与推进策略 [J]．中国地质大学学报（社会科学版），2019，19（1）：11-21.

［221］中国科学院可持续发展战略研究组．2015 中国可持续发展报告——重塑生态环境治理体系 [M]．北京：科学出版社，2015.

［222］周国雄．公共政策执行阻滞的博弈分析——以环境污染治理为例 [J]．同济大学学报（社会科学版），2007（4）：91-96.

［223］周宏春，季曦．改革开放三十年中国环境保护政策演变 [J]．南京大学学报（哲学．人文科学．社会科学版），2009，45（1）：31-40+143.

［224］周晶. 当代中国环境问题根源初探［J］. 丹东师专学报，2001（3）：
60-62.

［225］周黎安. 官员晋升锦标赛与竞争冲动［J］. 人民论坛，2010（15）：
26-27.

［226］周黎安. 晋升博弈中政府官员的激励与合作——兼论我国地方保护
主义和重复建设问题长期存在的原因［J］. 经济研究，2004（6）：33-40.

［227］周黎安. 行政发包制［J］. 社会，2014（6）：1-38.

［228］周黎安. 中国地方官员的晋升锦标赛模式研究［J］. 经济研究，
2007（7）：36-50.

［229］周燕，杜慕群. 公共物品理论为政府支出行为提供依据的困境［J］.
学术研究，2013（8）：80-86+120+159-160.

［230］朱淑珍. 金融创新理论述评［J］. 东华大学学报（自然科学版），
2002（3）：131-133.

附录 2010~2019 年全国各地区环境风险指数

附表1 2010 年全国各地区环境风险指数

省份	二级指标				2010 年综合环境风险指数
	生态环境恶化风险指数	生态承载力超负风险指数	生态修复风险指数	环境衍生风险指数	
北京	0.16477	0.15698	0.80423	0.39672	0.38067
天津	0.23725	0.33413	0.86032	0.14246	0.39354
河北	0.74238	0.26964	0.37117	0.14536	0.38214
山西	0.55599	0.29039	0.59246	0.15754	0.39909
内蒙古	0.44359	0.34579	0.69795	0.16921	0.41413
辽宁	0.50150	0.23805	0.57910	0.22337	0.38550
吉林	0.27172	0.17722	0.86076	0.35103	0.41518
黑龙江	0.23405	0.69409	0.77152	0.08876	0.44711
上海	0.11491	0.56140	0.74740	0.56684	0.49764
江苏	0.48295	0.41280	0.32731	0.13311	0.33904
浙江	0.34746	0.30222	0.58838	0.20446	0.36063
安徽	0.30652	0.29649	0.71545	0.16143	0.36997
福建	0.35505	0.32694	0.76708	0.17286	0.40548
江西	0.26738	0.53342	0.83468	0.34942	0.49623
山东	0.66170	0.17439	0.17052	0.17772	0.29608
河南	0.56576	0.46869	0.57295	0.18609	0.44837
湖北	0.36939	0.25079	0.68648	0.24188	0.38713
湖南	0.30116	0.34770	0.75007	0.20626	0.40130
广东	0.44082	0.33386	0.31642	0.15279	0.31097
广西	0.44251	0.23211	0.77325	0.13022	0.39452
海南	0.19410	0.32100	0.97886	0.13934	0.40833

续表

省份	二级指标				2010 年综合环境风险指数
	生态环境恶化风险指数	生态承载力超负风险指数	生态修复风险指数	环境衍生风险指数	
重庆	0.19942	0.16227	0.86613	0.09743	0.33131
四川	0.37547	0.25195	0.67462	0.38543	0.42187
贵州	0.22943	0.29865	0.85066	0.16523	0.38599
云南	0.28488	0.39033	0.81574	0.31241	0.45084
陕西	0.39271	0.48330	0.81709	0.24608	0.48479
甘肃	0.17283	0.45241	0.93106	0.21811	0.44360
青海	0.06690	0.47022	0.97986	0.33394	0.46273
宁夏	0.19469	0.53377	0.92659	0.05124	0.42657

附表2 2011年全国各地区环境风险指数

省份	二级指标				2011 年综合环境风险指数
	生态环境恶化风险指数	生态承载力超负风险指数	生态修复风险指数	环境衍生风险指数	
北京	0.16732	0.15454	0.82370	0.40725	0.38820
天津	0.22805	0.31402	0.85851	0.11561	0.37905
河北	0.79084	0.27607	0.35028	0.15485	0.39301
山西	0.55484	0.30615	0.58280	0.14659	0.39760
内蒙古	0.52111	0.34668	0.64297	0.18653	0.42432
辽宁	0.58250	0.23457	0.54703	0.12361	0.37193
吉林	0.27985	0.28946	0.84621	0.04724	0.36569
黑龙江	0.36047	0.69013	0.77942	0.14245	0.49312
上海	0.12482	0.53142	0.77921	0.56783	0.50082
江苏	0.47505	0.40829	0.31712	0.21250	0.35324
浙江	0.31405	0.29353	0.55147	0.30961	0.36716
安徽	0.35847	0.29278	0.69924	0.15431	0.37620
福建	0.36721	0.34274	0.77868	0.08678	0.39385
江西	0.28790	0.51791	0.80372	0.13888	0.43710
山东	0.71452	0.18589	0.22214	0.21894	0.33537
河南	0.57885	0.46390	0.55013	0.12241	0.42882

续表

省份	二级指标				2011年综合环境风险指数
	生态环境恶化风险指数	生态承载力超负风险指数	生态修复风险指数	环境衍生风险指数	
湖北	0.40113	0.27330	0.65704	0.24647	0.39449
湖南	0.35354	0.33798	0.75580	0.29047	0.43445
广东	0.52757	0.32651	0.29744	0.12111	0.31816
广西	0.32053	0.25911	0.79036	0.16849	0.38462
海南	0.20962	0.32941	0.97320	0.12345	0.40892
重庆	0.20448	0.18476	0.86921	0.11776	0.34405
四川	0.38008	0.27251	0.70487	0.44862	0.45152
贵州	0.24483	0.32400	0.86480	0.28666	0.43007
云南	0.33266	0.39388	0.77938	0.27082	0.44418
陕西	0.39415	0.50405	0.80912	0.18421	0.47288
甘肃	0.19524	0.46097	0.90022	0.13547	0.42297
青海	0.10161	0.48799	0.89377	0.18029	0.41591
宁夏	0.17894	0.57488	0.92301	0.09288	0.44243

附表3　2012年全国各地区环境风险指数

省份	二级指标				2012年综合环境风险指数
	生态环境恶化风险指数	生态承载力超负风险指数	生态修复风险指数	环境衍生风险指数	
北京	0.16330	0.10670	0.82485	0.51014	0.40125
天津	0.21153	0.29427	0.86079	0.13311	0.37492
河北	0.78292	0.24574	0.38642	0.40837	0.45586
山西	0.54175	0.29561	0.58518	0.11354	0.38402
内蒙古	0.51635	0.34433	0.68294	0.20853	0.43804
辽宁	0.55406	0.18042	0.52635	0.27442	0.38381
吉林	0.27573	0.31225	0.83777	0.05608	0.37046
黑龙江	0.35220	0.71927	0.78690	0.11293	0.49282
上海	0.10896	0.51813	0.76327	0.52562	0.47899
江苏	0.46090	0.38481	0.34492	0.30804	0.37467
浙江	0.32297	0.25606	0.42325	0.38428	0.34664

省份	二级指标				2012 年综合 环境风险指数
	生态环境 恶化风险指数	生态承载力 超负风险指数	生态修复 风险指数	环境衍生 风险指数	
安徽	0.34310	0.28639	0.69732	0.13707	0.36597
福建	0.38162	0.31791	0.66344	0.09901	0.36550
江西	0.27748	0.52782	0.81073	0.10038	0.42910
山东	0.68954	0.13710	0.30365	0.27033	0.35016
河南	0.57842	0.45088	0.55333	0.07120	0.41346
湖北	0.38395	0.24822	0.63630	0.15780	0.35657
湖南	0.34746	0.32160	0.74114	0.14699	0.38930
广东	0.51586	0.32267	0.32876	0.11621	0.32088
广西	0.30795	0.22271	0.80238	0.11712	0.36254
海南	0.18191	0.23687	0.96536	0.05751	0.36041
重庆	0.19325	0.12459	0.86575	0.08768	0.31782
四川	0.37118	0.26019	0.70763	0.43393	0.44323
贵州	0.23835	0.30084	0.86208	0.11584	0.37928
云南	0.31977	0.39119	0.77490	0.22658	0.42811
陕西	0.41961	0.50464	0.81103	0.14667	0.47049
甘肃	0.19741	0.52637	0.87020	0.18507	0.44476
青海	0.10518	0.46813	0.89636	0.14692	0.40415
宁夏	0.17867	0.53122	0.93609	0.01174	0.41443

附表 4 2013 年全国各地区环境风险指数

省份	二级指标				2013 年综合 环境风险指数
	生态环境 恶化风险指数	生态承载力 超负风险指数	生态修复 风险指数	环境衍生 风险指数	
北京	0.17890	0.10114	0.82971	0.35569	0.36636
天津	0.21129	0.29365	0.87458	0.11053	0.37251
河北	0.78217	0.24693	0.39867	0.09698	0.38119
山西	0.55761	0.33962	0.55215	0.11968	0.39226
内蒙古	0.50703	0.33664	0.70464	0.10582	0.41353

省份	二级指标				2013 年综合环境风险指数
	生态环境恶化风险指数	生态承载力超负风险指数	生态修复风险指数	环境衍生风险指数	
辽宁	0.55828	0.18056	0.55324	0.11863	0.35268
吉林	0.27619	0.34268	0.84547	0.04999	0.37858
黑龙江	0.35159	0.70190	0.81869	0.14516	0.50433
上海	0.10775	0.51633	0.73884	0.51797	0.47022
江苏	0.46120	0.38733	0.39743	0.26948	0.37886
浙江	0.32426	0.25264	0.58301	0.28529	0.36130
安徽	0.34660	0.28111	0.70334	0.09172	0.35569
福建	0.38763	0.33375	0.74702	0.10037	0.39219
江西	0.28113	0.52152	0.81730	0.03165	0.41290
山东	0.68551	0.13047	0.36003	0.07932	0.31383
河南	0.58686	0.45261	0.57973	0.07245	0.42291
湖北	0.38518	0.28801	0.70731	0.09122	0.36793
湖南	0.34861	0.34383	0.77144	0.09939	0.39082
广东	0.51725	0.31335	0.32489	0.15241	0.32698
广西	0.31051	0.22123	0.80977	0.07756	0.35477
海南	0.19443	0.21947	0.96853	0.04569	0.35703
重庆	0.19345	0.12704	0.86917	0.02847	0.30453
四川	0.37621	0.26185	0.72687	0.42472	0.44741
贵州	0.23777	0.30442	0.88109	0.10136	0.38116
云南	0.32554	0.22060	0.78165	0.10987	0.35942
陕西	0.42644	0.53182	0.80518	0.25485	0.50457
甘肃	0.19637	0.47431	0.89831	0.23629	0.45132
青海	0.11019	0.50202	0.89888	0.14613	0.41431
宁夏	0.18568	0.53319	0.92884	0.02036	0.41701

附表 5　2014 年全国各地区环境风险指数

省份	二级指标				2014 年综合环境风险指数
	生态环境恶化风险指数	生态承载力超负风险指数	生态修复风险指数	环境衍生风险指数	
北京	0.18487	0.08902	0.83489	0.37554	0.37108
天津	0.19317	0.31999	0.88246	0.12992	0.38138
河北	0.77075	0.24613	0.38576	0.16760	0.39256
山西	0.56440	0.38229	0.55857	0.12503	0.40758
内蒙古	0.51764	0.37582	0.62096	0.15842	0.41821
辽宁	0.54485	0.16429	0.53192	0.20902	0.36252
吉林	0.27700	0.34279	0.84706	0.09773	0.39115
黑龙江	0.33428	0.71471	0.81976	0.10191	0.49266
上海	0.10327	0.48830	0.74475	0.53870	0.46876
江苏	0.46037	0.38713	0.36182	0.32094	0.38257
浙江	0.31146	0.25131	0.57224	0.18868	0.33092
安徽	0.35331	0.26944	0.69424	0.07447	0.34786
福建	0.37417	0.33830	0.78000	0.15302	0.41137
江西	0.27433	0.53983	0.81510	0.07446	0.42593
山东	0.71008	0.12994	0.31402	0.17261	0.33166
河南	0.57896	0.46259	0.58125	0.13204	0.43871
湖北	0.37696	0.29221	0.70314	0.11533	0.37191
湖南	0.34408	0.34870	0.75327	0.18060	0.40666
广东	0.50209	0.31178	0.31703	0.33072	0.36540
广西	0.31616	0.22629	0.82070	0.20903	0.39305
海南	0.18891	0.21127	0.97016	0.17415	0.38612
重庆	0.18708	0.11613	0.86900	0.12371	0.32398
四川	0.38195	0.27321	0.70849	0.25750	0.40529
贵州	0.22845	0.19749	0.88191	0.21736	0.38130
云南	0.30123	0.27590	0.78520	0.41336	0.44392
陕西	0.41093	0.54397	0.78751	0.36746	0.52747
甘肃	0.20663	0.47433	0.88804	0.18265	0.43791
青海	0.11178	0.46596	0.89203	0.16330	0.40827
宁夏	0.17375	0.52313	0.91955	0.05113	0.41689

附表 6　2015 年全国各地区环境风险指数

省份	二级指标				2015 年综合环境风险指数
	生态环境恶化风险指数	生态承载力超负风险指数	生态修复风险指数	环境衍生风险指数	
北京	0.17806	0.08212	0.83794	0.42060	0.37968
天津	0.17326	0.32178	0.88714	0.13379	0.37899
河北	0.75715	0.24059	0.35177	0.21753	0.39176
山西	0.60607	0.35776	0.57871	0.19159	0.43353
内蒙古	0.54906	0.41862	0.63129	0.18004	0.44476
辽宁	0.62798	0.15142	0.51838	0.21890	0.37917
吉林	0.28309	0.33354	0.84348	0.10491	0.39126
黑龙江	0.33815	0.74022	0.80449	0.10685	0.49743
上海	0.10039	0.46637	0.75948	0.26942	0.39892
江苏	0.45065	0.37225	0.37952	0.34154	0.38599
浙江	0.30039	0.22644	0.57973	0.42990	0.38411
安徽	0.36101	0.27094	0.67044	0.20463	0.37675
福建	0.37862	0.33857	0.78883	0.37802	0.47101
江西	0.29403	0.53305	0.81501	0.11430	0.43910
山东	0.72687	0.14288	0.32201	0.14847	0.33506
河南	0.58786	0.44738	0.58426	0.13314	0.43816
湖北	0.36266	0.25601	0.70060	0.19539	0.37867
湖南	0.34999	0.31505	0.75612	0.23944	0.41515
广东	0.49136	0.31931	0.30728	0.50815	0.40652
广西	0.30075	0.23269	0.83465	0.13740	0.37637
海南	0.19201	0.24231	0.96825	0.06228	0.36621
重庆	0.18503	0.11286	0.87123	0.08365	0.31319
四川	0.37753	0.14185	0.73031	0.31462	0.39108
贵州	0.22258	0.19798	0.84481	0.16274	0.35703
云南	0.30464	0.26648	0.79863	0.24939	0.40478
陕西	0.41057	0.36755	0.76537	0.46698	0.50262
甘肃	0.20957	0.47355	0.89281	0.19291	0.44221
青海	0.14303	0.43911	0.88908	0.16780	0.40975
宁夏	0.17330	0.52689	0.93045	0.04023	0.41772

附表 7 2016 年全国各地区环境风险指数

省份	二级指标				2016 年综合环境风险指数
	生态环境恶化风险指数	生态承载力超负风险指数	生态修复风险指数	环境衍生风险指数	
北京	0.17984	0.07186	0.85612	0.43639	0.38605
天津	0.13005	0.36661	0.90805	0.13549	0.38505
河北	0.59782	0.26916	0.52339	0.25363	0.41100
山西	0.59526	0.38973	0.69841	0.21203	0.47386
内蒙古	0.56600	0.49265	0.79303	0.14127	0.49824
辽宁	0.45378	0.17425	0.65519	0.16751	0.36268
吉林	0.21726	0.26729	0.86317	0.08032	0.35701
黑龙江	0.28264	0.76262	0.80705	0.16680	0.50478
上海	0.09150	0.43779	0.79844	0.24304	0.39269
江苏	0.60483	0.42585	0.48136	0.25394	0.44150
浙江	0.28976	0.27220	0.65714	0.25463	0.36843
安徽	0.46711	0.30978	0.50092	0.28566	0.39087
福建	0.49005	0.36897	0.81961	0.37868	0.51433
江西	0.43620	0.54702	0.86640	0.09537	0.48624
山东	0.60464	0.17136	0.43809	0.09508	0.32729
河南	0.44183	0.47373	0.68536	0.10827	0.42730
湖北	0.36259	0.28301	0.74150	0.66435	0.51286
湖南	0.37230	0.37218	0.80383	0.18624	0.43364
广东	0.57822	0.36250	0.39579	0.25074	0.39681
广西	0.31902	0.26943	0.84343	0.11708	0.38724
海南	0.17810	0.24279	0.96624	0.10167	0.37220
重庆	0.12554	0.13855	0.87964	0.11454	0.31457
四川	0.34805	0.27590	0.78507	0.20051	0.40238
贵州	0.25708	0.20821	0.89038	0.19768	0.38834
云南	0.39694	0.29561	0.83133	0.13853	0.41560
陕西	0.36479	0.41915	0.80539	0.42165	0.50275
甘肃	0.21559	0.51092	0.92030	0.16332	0.45253
青海	0.12112	0.46367	0.87343	0.17994	0.40954
宁夏	0.20161	0.55196	0.95258	0.07208	0.44456

附表8　2017年全国各地区环境风险指数

省份	二级指标				2017 年综合环境风险指数
	生态环境恶化风险指数	生态承载力超负风险指数	生态修复风险指数	环境衍生风险指数	
北京	0.19772	0.06718	0.84229	0.41029	0.37937
天津	0.11362	0.32542	0.91264	0.14292	0.37365
河北	0.61847	0.25178	0.41779	0.06732	0.33884
山西	0.57337	0.32708	0.53137	0.19989	0.40793
内蒙古	0.58635	0.49027	0.81094	0.13081	0.50459
辽宁	0.53192	0.19294	0.48065	0.27458	0.37002
吉林	0.23960	0.25452	0.87794	0.27748	0.41239
黑龙江	0.30657	0.75814	0.82318	0.09012	0.49450
上海	0.07833	0.41242	0.80317	0.24581	0.38493
江苏	0.59439	0.41843	0.46246	0.13107	0.40159
浙江	0.28468	0.26295	0.53848	0.21407	0.32505
安徽	0.42558	0.29913	0.59016	0.09425	0.35228
福建	0.42655	0.36730	0.82390	0.14963	0.44184
江西	0.42482	0.54364	0.77965	0.12321	0.46783
山东	0.58340	0.15791	0.39090	0.15226	0.32112
河南	0.38015	0.43131	0.70061	0.08274	0.39870
湖北	0.37438	0.31110	0.62620	0.24689	0.38964
湖南	0.39949	0.37476	0.79782	0.45892	0.50775
广东	0.57507	0.35304	0.39728	0.56156	0.47174
广西	0.34734	0.26088	0.73326	0.11168	0.36329
海南	0.20408	0.21900	0.97142	0.09630	0.37270
重庆	0.14868	0.13474	0.77664	0.14704	0.30178
四川	0.37220	0.26403	0.76881	0.23238	0.40936
贵州	0.32042	0.22699	0.84561	0.17474	0.39194
云南	0.37611	0.29058	0.72140	0.09989	0.37200
陕西	0.38774	0.38942	0.84758	0.41822	0.51074
甘肃	0.22026	0.49565	0.92871	0.12149	0.44153
青海	0.11366	0.44951	0.88935	0.06103	0.37839
宁夏	0.22067	0.55370	0.95429	0.14556	0.46856

附表9　2018年全国各地区环境风险指数

省份	二级指标				2018年综合环境风险指数
	生态环境恶化风险指数	生态承载力超负风险指数	生态修复风险指数	环境衍生风险指数	
北京	0.21468	0.06250	0.85584	0.61224	0.43631
天津	0.11282	0.41735	0.92415	0.16917	0.40587
河北	0.55124	0.28659	0.44153	0.11170	0.34777
山西	0.52905	0.32832	0.56816	0.24240	0.41698
内蒙古	0.55991	0.51128	0.82010	0.19251	0.52095
辽宁	0.48735	0.19036	0.54198	0.23101	0.36268
吉林	0.21113	0.19588	0.87849	0.13620	0.35542
黑龙江	0.27505	0.75063	0.83537	0.12501	0.49652
上海	0.09031	0.40179	0.81965	0.30194	0.40342
江苏	0.55975	0.41701	0.36962	0.14789	0.37357
浙江	0.26558	0.25767	0.63847	0.23299	0.34868
安徽	0.41724	0.30027	0.69665	0.17788	0.39801
福建	0.46588	0.39699	0.82318	0.16314	0.46230
江西	0.38891	0.55336	0.72797	0.09819	0.44211
山东	0.57482	0.16646	0.43172	0.32987	0.37572
河南	0.42797	0.43839	0.70758	0.17684	0.43769
湖北	0.33799	0.32133	0.64128	0.25935	0.38999
湖南	0.36695	0.32146	0.80935	0.21718	0.42873
广东	0.57811	0.34683	0.37400	0.62591	0.48121
广西	0.35165	0.27310	0.67589	0.10382	0.35111
海南	0.20425	0.24669	0.97687	0.02402	0.36296
重庆	0.13353	0.13634	0.79190	0.12060	0.29559
四川	0.35665	0.26856	0.74527	0.53214	0.47565
贵州	0.25057	0.23373	0.81366	0.10964	0.35190
云南	0.40035	0.29372	0.68296	0.17626	0.38832
陕西	0.36369	0.40775	0.85009	0.32765	0.48729
甘肃	0.21939	0.40389	0.93379	0.30353	0.46515
青海	0.09139	0.45281	0.91030	0.08363	0.38453
宁夏	0.20475	0.55886	0.95342	0.25409	0.49278

附表 10　2019 年全国各地区环境风险指数

省份	二级指标				2019 年综合环境风险指数
	生态环境恶化风险指数	生态承载力超负风险指数	生态修复风险指数	环境衍生风险指数	
北京	0.20849	0.06472	0.86529	0.55430	0.42320
天津	0.12073	0.40339	0.92438	0.15547	0.40099
河北	0.56634	0.28516	0.49068	0.07650	0.35467
山西	0.53154	0.34728	0.60032	0.28934	0.44212
内蒙古	0.62258	0.51446	0.81196	0.08377	0.50819
辽宁	0.53813	0.19026	0.61438	0.20214	0.38623
吉林	0.22023	0.16686	0.88115	0.04609	0.32858
黑龙江	0.28060	0.71151	0.86200	0.17029	0.50610
上海	0.08180	0.38861	0.82339	0.25948	0.38832
江苏	0.54940	0.41632	0.37062	0.18533	0.38042
浙江	0.26115	0.24664	0.70545	0.55487	0.44203
安徽	0.44913	0.29638	0.70257	0.13032	0.39460
福建	0.45852	0.39352	0.83242	0.21182	0.47407
江西	0.39873	0.51722	0.69778	0.30840	0.48053
山东	0.55486	0.17375	0.45375	0.38819	0.39264
河南	0.38767	0.43614	0.71092	0.15602	0.42269
湖北	0.34198	0.32504	0.65826	0.32885	0.41353
湖南	0.40905	0.30219	0.81098	0.47333	0.49889
广东	0.57940	0.35412	0.36996	0.40568	0.42729
广西	0.37600	0.27364	0.65861	0.11581	0.35602
海南	0.20895	0.24952	0.97824	0.01729	0.36350
重庆	0.15334	0.13374	0.82558	0.07493	0.29690
四川	0.38667	0.26484	0.72680	0.54001	0.47958
贵州	0.31115	0.22145	0.81920	0.13089	0.37067
云南	0.41402	0.30231	0.66410	0.07575	0.36405
陕西	0.35114	0.45742	0.85241	0.38491	0.51147
甘肃	0.24463	0.35401	0.93826	0.08564	0.40563
青海	0.10110	0.44781	0.90766	0.07500	0.38289
宁夏	0.23137	0.66081	0.95222	0.09254	0.48423